Hanns-Peter Krafft · Otto Maier

Mit Säge, Leim und Farbe

Spielzeug aus Holz

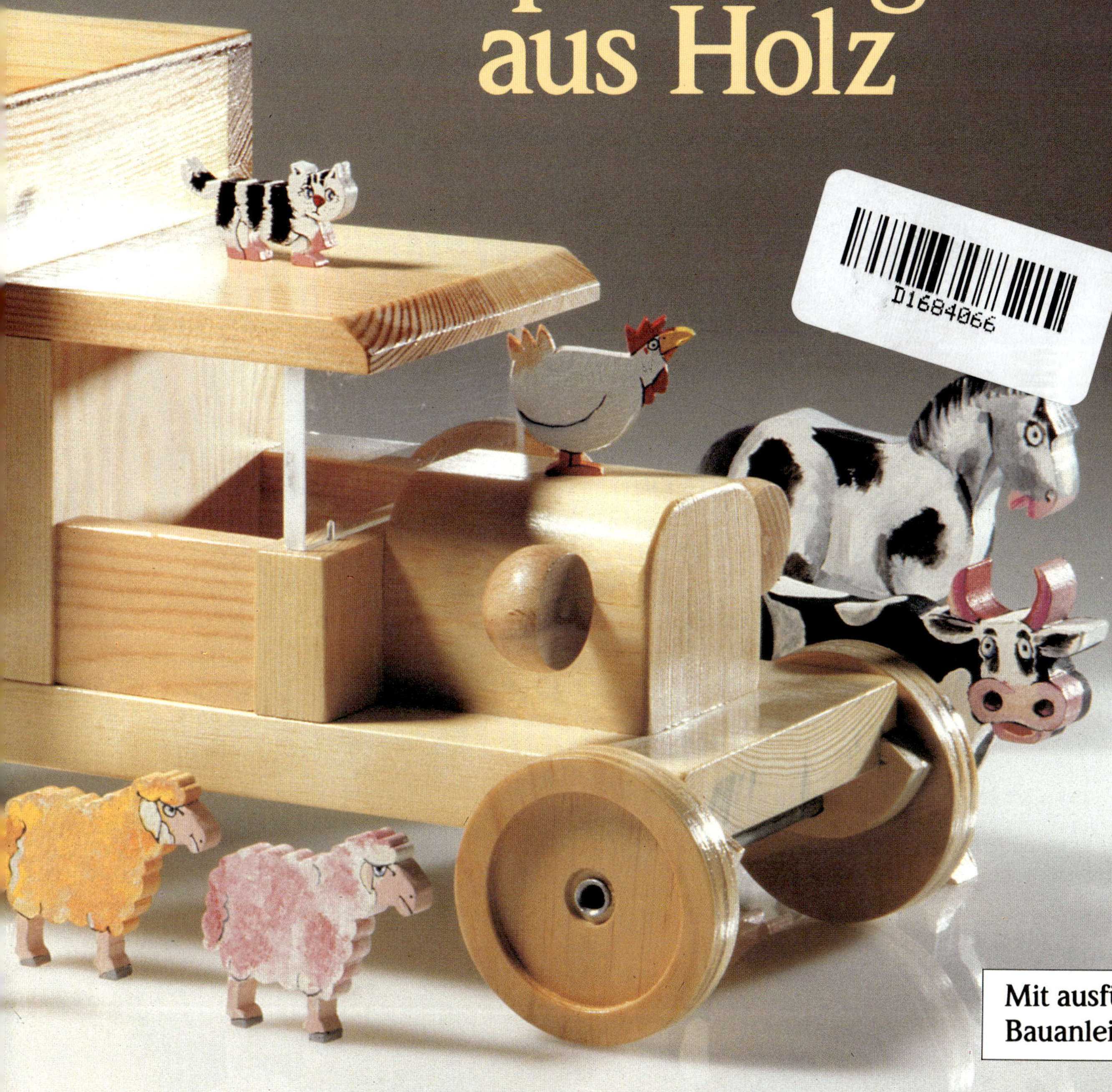

Mit ausführlichen Bauanleitungen

FALKEN

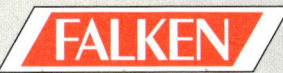

Inhalt

Vorwort		6
Werkzeuge und Techniken		7
	Sägen	8
	Bohren	9
	Schleifen	10
	Leimen und Spannen	11
Laubsägearbeiten		12
	Hampelhamster	13
	Puzzle	16
	Tiere auf dem Bauernhof	17
Gesägt und aufgedoppelt		19
	Steckenpferd	20
	Watschelente	23
	Hoppelhase	25
	Nachziehkatze	28
	Nikolaus	30
Aus Leisten		32
	Bauklötze	33
	Tannenbaum	36
Aus Brettchen und Klötzen		39
	Lastwagen	40
	Rennwagen	44
	Weihnachtsengel	45
	Schneemann	47
Aus Tischlerplatten und Massivholz		49
	Spielzeugkiste	50
	Clownstuhl	53
	Bärenschaukel	57
	Schaukelelefant	60

Vorwort

Spielzeuge aus Holz sind heute etwas Besonderes, während Holz in vorindustrieller Zeit fast das einzige Material war, aus dem erschwingliches Spielzeug hergestellt werden konnte. Damals entstanden bevorzugt Nachbildungen von Tieren, unter denen das Pferd am beliebtesten war. Neben einfachsten, oft rührend naiven Arbeiten, die ländliche Handwerker anfertigten, bestellten gutsituierte Eltern für ihre Kinder wahre Kunstwerke. Das abgebildete Pferd, aus Holz geschnitzt, bemalt und mit Räderbrett zum nachziehen ausgestattet, wurde im 18. Jahrhundert gebaut und ist heute ein wertvolles Museumsstück.

Auch mit einfacheren Techniken als aufwendigem Schnitzen einer Vollplastik lassen sich hübsche Effekte erzielen, wie die dem Pferd gegenübergestellte Katze auf Rädern zeigt.
Die Verarbeitung von Holz kann man nicht so weitgehend automatisieren, wie das bei Metall und Kunststoff möglich ist. Besonders der letzte Schliff verlangt ein Gutteil Handarbeit und viel Liebe zum Detail – deshalb kann modernes käufliches Holzspielzeug nicht billig sein.
Wenn Sie nun als Freizeitbeschäftigung Holzspielzeuge für Ihre Kinder, Enkel, Neffen und Nichten bauen wollen, dann möchte dieses Buch Ihnen dabei helfen. Sie werden feststellen, daß einige der Vorschläge mit ganz geringem Aufwand an Hand- und Elektrowerkzeugen nachzuarbeiten sind, andere verlangen eine reichhaltigere Ausstattung.
Vielleicht gibt es in Ihrer Familie ein künstlerisches Talent, das womöglich im Verborgenen blüht? Dann könnte ein Team entstehen – einer sägt und baut zusammen, der andere entwirft und bemalt!
Das Team Designer und Praktiker wünscht Ihnen viel Freude und Erfolg.

Werkzeuge und Techniken

Die folgende Bilderserie zeigt alle Elektrowerkzeuge und Zusatzgeräte, mit denen wir die Holzspielzeuge hergestellt haben. Handwerkzeuge brauchen Sie gar nicht zu benutzen – zum Beispiel finden Sie keinen Hobel – oder nur auf das Notwendigste beschränkt einsetzen. Nicht von ungefähr wird Elektrowerkzeugen der Vorzug gegeben, denn Sie sollen sich in der Freizeit doch nicht plagen, sondern Freude bei der Anfertigung des Spielzeuges haben. Der Hauptgrund für die Verwendung elektrischer Werkzeuge liegt jedoch darin, daß ihr richtiger Einsatz einiges an vielleicht mangelnden handwerklichen Fähigkeiten aufwiegt.

Sie müssen auch nicht alle Maschinen kaufen, es gibt überall Leihstationen, die Sie in Anspruch nehmen können, wodurch sich Ihre Ausgaben für Werkzeuge begrenzen lassen.

Nicht alle Materialien sind in den Heimwerkermärkten zu bekommen. Deshalb gibt es im Text viele Hinweise darauf, was unter welcher Bezeichnung von Handwerkern zu beziehen ist. Der wichtigste für uns ist ein freundlicher Schreiner, der zum einen Material liefert, und es zum anderen teilweise bearbeitet.

Sägen

Für feine Schweifungen und Rundungen setzt man am besten die altbekannte Laubsäge oder die Dekupiersägemaschine ein. Gerade Schnitte gelingen mit der Rückensäge und der gekröpften Feinsäge, mit der man vor allem auch flächenbündig sägen kann. Winklige Schnitte macht man am besten in der Schneidelade oder mit der Gehrungssäge.

Vielseitig einzusetzen für gerade und für geschweifte Schnitte ist die Stichsäge. Ganz anders arbeitet die Zylindersäge. Mit Einsätzen verschiedenen Durchmessers, die man in die Bohrmaschine spannt, sägt sie sauber runde Räder.

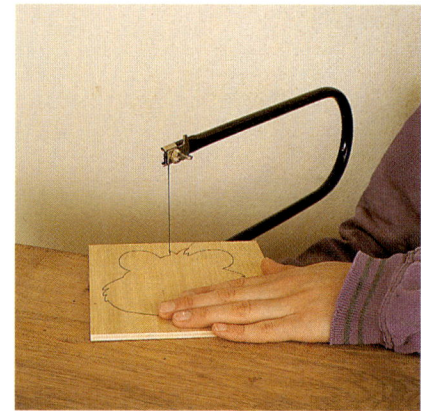

1 *Laubsäge*

4 *Flächenbündiges Sägen*

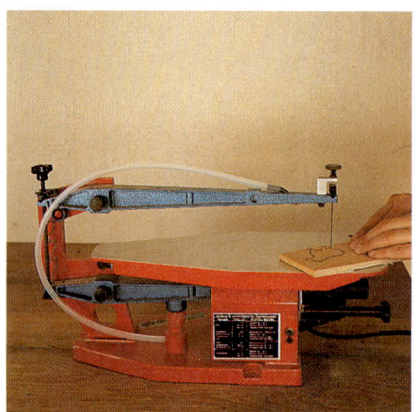

2 *Dekupiersägemaschine*

5 *Winkliger Schnitt in der Schneidelade*

3 *Gekröpfte Feinsäge (oben), Rückensäge*

6 *Winkliger Schnitt mit der Gehrungssäge*

Bohren

Die wichtigste Maschine überhaupt ist die elektrische Handbohrmaschine im Ständer. Sie kann mit einer Reihe von Bohrern ausgestattet werden, wie es in der Abbildung gezeigt ist: mit einem langen und einem kurzen Spiralbohrer, einem Holzspiralbohrer mit Zentrierspitze, einem Kunst- oder Forstnerbohrer und mit einem Zentrumsbohrer. Mit der eingespannten Maschine kann man Bohrungen genau senkrecht zur Fläche vornehmen, schräg muß man freihändig arbeiten.

7 Gerade und geschweifte Schnitte mit der Stichsäge

12 Senkrecht zur Fläche bohren

8 Zylindersäge: verschiedene Einsätze

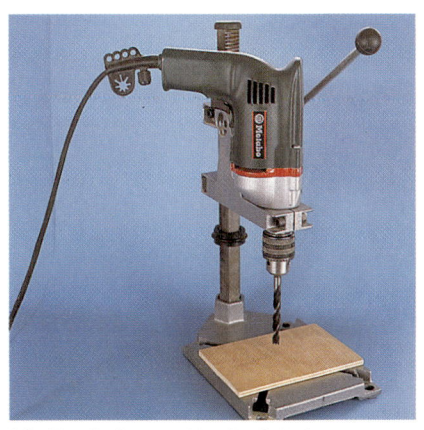

10 Handbohrmaschine im Ständer

13 Freihändig schräg bohren

9 Ausgesägte Scheibe

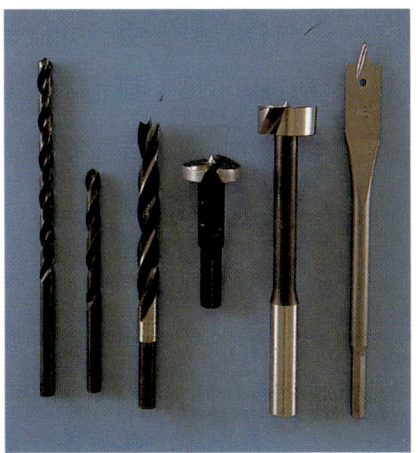

11 Verschiedene Bohrer

14 Dübelloch in Kugel bohren

Schleifen

Das Versäubern von Kleinteilen erledigt man mit Schleifpapier, das man aufspannt, die Kanten bricht man dann mit dem Schleifkork.
Auch beim Schleifen ist die elektrische Handbohrmaschine ein unverzichtbarer Helfer. Eine vielseitig verwendbare Klammer hält die Bohrmaschine waagrecht oder senkrecht. Zum Schleifen selbst werden Gummischleifkörper mit verschiedenen Schleifhülsen aufgesetzt. Zum Abrunden dient der Lamellenschleifkörper. Lediglich für das Ausfeilen der Ecken wird man eine kleine, grobe Halbrundfeile einsetzen. Ebenfalls von der Bohrmaschine angetrieben wird die preiswerte und praktische Scheibenschleifmaschine, die bei winkligen Arbeiten zum Einsatz kommt.
Winkliges Schleifen gelingt auch mit der Handbandschleifmaschine, sofern sie eine Stationäreinrichtung und Winkelanschlag hat. Hauptsächlich aber verwendet man die Handbandschleifmaschine für freihändiges Werken, wenn – wie beim Ebenschleifen großer Flächen – auch große Leistung gefordert ist.
Für den Feinschliff setzt man dann einen Schwingschleifer ein; das Werkstück braucht man dafür jedoch nicht festzuspannen.

16 Schleifkork

19 Lamellenschleifkörper

17 Bohrmaschine mit Gummischleifkörper und Schleifhülsen

20 Kleine, grobe Halbrundfeile

15 Aufgespanntes Schleifpapier

18 Senkrecht montierte Bohrmaschine mit selbstgebautem Schleiftisch

21 Scheibenschleifmaschine für winkliges Schleifen

Leimen und Spannen

Nägel oder Schrauben sind ein schlechter Ersatz für Schraubzwingen. Sie sind gefährlich, wenn ein Kind ein Spielzeug »zerlegt« hat, denn dann stehen die Nägel- oder Schraubenspitzen heraus.
Die geleimten Teile spannt man mit Leimklammern oder Schraubzwingen, die auch beim Festspannen vielfach Verwendung finden. An ihnen dürfen Sie auf keinen Fall sparen! Außerdem dient dafür ein kleiner Schraubstock, der eingeklebte Holzschutzbacken haben sollte.

22 Handbandschleifmaschine mit Stationäreinrichtung und Winkelanschlag

27 Festspannen mit Schraubzwingen

23 Ebenschleifen mit Handbandschleifmaschine

25 Leimen mit Leimklammern

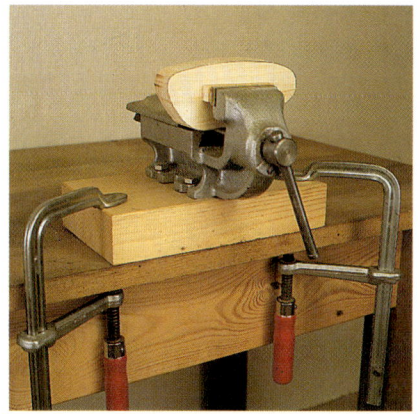

28 Schraubstock mit eingeklebten Holzschutzbacken

24 Schwingschleifer für den Feinschliff

26 Leimen mit Schraubzwingen

29 Beim Flächenverleimen treten Leimperlen aus

Laubsägearbeiten

Hampelhamster

Der gute alte Hampelmann läßt sich mit geringem Aufwand an Werkzeugen – zum nur Aussägen der Einzelteile brauchen Sie eine Laubsäge 2 und an Material 5–6 mm und 8 mm dickes Sperrholz – anfertigen 1.
Unser Hamster hat im Gegensatz zu einer möglichen ganz einfachen Ausführung zwei besondere Merkmale: Der Kopf ist für sich ausgesägt und auf den Körper geleimt. Dadurch ergibt sich eine plastische Kinnlinie, wie sie durch Bemalen allein nicht zu erreichen wäre. Außerdem ist der Mechanismus verdeckt, denn der Hampelhamster hat eine Rückwand. Ihre Konturen sind im wesentlichen mit denen des Körpervorderteils gleich, nur ist oben ein Aufhänger in Form eines ausgesägten Dreieckchens integriert 3. Die Einzelteile übertragen Sie mit Kohlepapier vom Vorlagebogen auf die Brettchen.
Für den Kopf und für die beiden Rumpfteile des Körpers nehmen Sie das dünne Sperrholz, (5–6 mm), für Arme und Beine das dickere (8 mm). Das ist zweckmäßig, weil wir in die Kante von Armen und Beinen Löcher für die Schnurzüge bohren müssen. Bei nur 6 mm dünnem Sperrholz wäre die Konstruktion nicht stabil genug 4.
Alle ausgesägten Teile versäubern Sie etwas mit Schleifpapier K (für Körnung) 120. Das ist nicht viel Arbeit, denn die Laubsäge macht einen feinen Schnitt und reißt kaum Splitter nach unten. Jetzt können Sie den Kopf mit Weißleim (ein dünner Leimfaden oder einige Punkte aus der Spritzflasche genügen) gemäß der vom Vorlagebogen übertragenen Linie aufleimen. Dabei leisten zwei preiswerte Leimklammern gute Dienste 5.
Die Achsen für die Gliedmaßen bestehen aus vier gestauchten Drahtstiften, d. h. Nägeln mit versenkbarem Kopf, von 40 mm Länge. Schlagen Sie die Nägel mit dem Hammer durch Vorderteil und bündig unterlegtes Rückenteil an der Tischkante vorbei ganz ein. Nehmen Sie das Rückenteil wieder ab, und lassen Sie die weit herausstehenden Nägel im Vorderteil stecken. 40er Nägel sind meist 2,2 mm dick. Damit sich das Rückenteil leicht aufstecken und abnehmen läßt, bohren Sie seine vier durch die Nägel geschaffenen Löcher mit einem 2,5 mm-Spiralbohrer auf. Denselben Bohrer nehmen Sie, um die Lagerbohrungen in Arme und Beine unseres Hampelhamsters zu bohren.
Das Vorderteil soll mit dem Rückenteil verschraubt werden. Das ermöglichen drei Distanzklötzchen 6, deren Größe und Lage der Vorlage zu entnehmen sind. Sie müssen recht genau an ihren Platz geleimt werden, damit sie später die Schnurbewegungen nicht behindern. Die Dicke der Klötzchen soll 1 mm mehr als die von Armen und Beinen betragen. Da es 9-mm-Sperrholz jedoch nicht gibt, haben wir die Klötzchen aus zwei Dicken verleimt – aus 6 mm und 3 mm.
Die Klötzchen können Sie mit Hilfe von Leimklammern anpressen oder »anreiben«, d. h. unter Leimangabe andrücken und ein bißchen hin- und herreiben. Diese Arbeitsweise wenden wir für nicht allzu stark beanspruchte Leimverbindungen noch öfter an. Jetzt können Sie das Rückenteil aufstecken. Das muß durch die aufgebohrten Löcher ganz leicht gehen. An den vorgezeichneten Stellen bohren Sie die Löcher, wieder 2,5 mm, für die Verbindungsschräubchen. Die korrekte Bezeichnung beim Einkauf lautet: »Eiserne Flachkopf-Holzschrauben, 2,4 mm mal 12 mm oder 16 mm«.
Zum sauberen Schrauben ohne ausgerissene Schraubenschlitze oder gar in der Vorbohrung abgerissene, abgedrehte Schrauben gehören drei Kleinigkeiten: Im Rückenteil müssen Sie zunächst die Bohrlöcher versenken. Dazu genügt hier ein 5-mm-Spiralbohrer, den man zwischen zwei Fingern auf die 2,5-mm-Bohrung setzt und zwirbelt. Als Vorbohrung in den Distanzklötzchen ist das Vorstechen nur eine Notlösung. Das Loch wird viel zu weit und nicht tief genug. Besser ist es, nun auf ganze Tiefe mit einem 1-mm-Spiralbohrer vorzubohren. Natürlich mit Gefühl! Solch dünne Werkzeuge brechen sehr leicht ab. Schließlich könnte man sagen: »Kleine Ursache, große Wirkung«, denn wenn Sie

13

das Schraubengewinde über ein Stück feuchte Seife führen, werden Sie staunen, wie leicht sich die Schrauben eindrehen lassen, wie fest sie aber trotzdem halten. Nun ist es Zeit, die langen Nagelenden auf die richtige Länge abzuwicken, so daß die scharfen Enden nicht vorstehen. Durch die beschriebene Art des Zusammenbaus läßt sich der Hampelhamster jederzeit demontieren und wieder zusammenschrauben, etwa wenn die Kleinen so temperamentvoll gespielt haben, daß Schnüre gerissen sind. Auch beim Bemalen können alle Teile einzeln behandelt werden, nur die Gliedmaßen bleiben durch die Schnüre verbunden. Diese Schnüre bringen Sie jetzt an. Am besten nehmen Sie dünne, weiche Kordel, die leicht zu biegen sein muß, steife Kunststoffschnüre eignen sich nicht. Jeweils senkrecht über der Lagerbohrung in Armen und Beinen **7** bohren Sie ein etwa 8 mm tiefes 3-mm-Loch in die Sperrholzkante. In jede Bohrung stecken Sie ein Kordelende, wobei ein Zahnstocher hilft, die Fransen zu bändigen. Jetzt brauchen wir einen dicken Tropfen Leim und stecken den Zahnstocher zu der Kordel in die Bohrung, so weit er sich hineindrücken läßt **8**. Den überstehenden Rest brechen wir ab. Legen Sie die Einzelteile des Hamsters so auf die Arbeitsfläche, wie es das Foto **9** zeigt. Die kurzen Kordelstücke von Arm zu Arm und von Bein zu Bein dürfen weder zu straff, noch zu locker sein. Die restliche lange Kordel knüpfen wir um die Querstücke zwischen Beinen (zuerst) und Armen. Das Reststück oben schneiden wir kurz ab und sichern beide Knoten durch Leimtropfen. Diese Sicherungstropfen benötigen eine recht lange Trockenzeit. Jetzt können Sie Ihr Werk probeweise montieren **10**, aufhängen und – schwupp! – **11** ausprobieren.
Sollte Ihr Hamster nicht so fit sein wie unserer, dürften die kurzen Kordeln zwischen den Extremitäten zu lang geraten sein, oder der Abstand zwischen den Knoten in der langen Kordel ist zu groß. Dann scheuen Sie nicht die Mühe, den Fehler zu beheben, denn der Hampelhamster soll doch ein guter Turner sein.

1 Sperrholz – 6 mm dick für Kopf und Körper, 8 mm für Arme und Beine

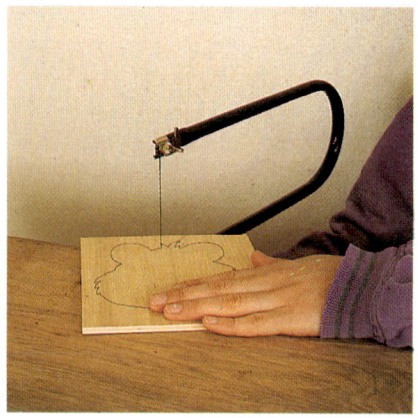

2 Die von der Vorlage durchgepausten Einzelteile werden mit der Laubsäge ausgesägt

3 Die Einzelteile sind ausgesägt. Vier Nägel bilden die Achsen für die Gliedmaßen

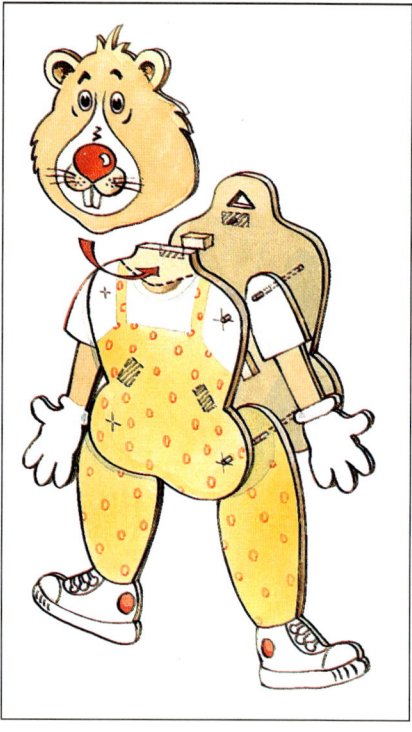

4 Alle Teile lassen sich von der Vorlage abpausen. Sie zeigt auch genau die Stellen, wo Sie die Distanzklötzchen plazieren und festleimen müssen. Deren Dicke beträgt 1 mm mehr als die von Armen und Beinen. Den Kopf leimt man gemäß der aufgezeichneten Linie auf. Das Rückenteil wird mit dem Vorderteil verschraubt

5 Beim Anleimen des Kopfes an den Rumpf helfen Leimklammern, die Teile fest zusammenzuhalten

6 Die Nägel ganz einschlagen und kürzen, die Distanzklötzchen mit Leim anreiben

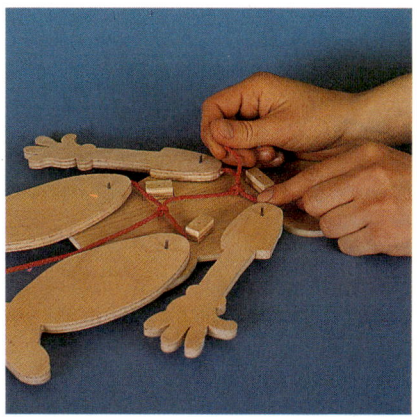

9 Die Zugkordel wird erst zwischen den Beinen, dann zwischen den Armen verknotet

Zum Bemalen mit gut deckenden Plakatfarben können Sie das Foto als Vorlage nehmen oder Ihre Phantasie walten lassen. Wenn Sie die Figur seidenmatt mögen, überziehen Sie sie – aber erst wenn die Farben nach zwei Tagen durchgehärtet trocken sind – mit einem gesundheitlich unbedenklichen Lack, z. B. mit AGLAIA-Klarlack. Auf jeden Fall sollten Sie den Hampelhamster dazu zerlegen, was ja aufgrund der handwerklich einwandfrei ausgeführten Schraubverbindungen sehr leicht geht.
Am unteren Ende der Kordel macht sich ein Schlüsselring oder eine Holzkugel gut, die Sie am besten lackieren, weil sie sonst leicht verschmutzt.

7 Bohrungen für die Kordeln: Dazu wird das Werkstück im Schraubstock festgespannt

10 In der Ruhelage sind die kurzen Querkordeln gespannt

8 Das Kordelende mit Leim in die Bohrung stopfen und dann den Zahnstocher bündig abbrechen

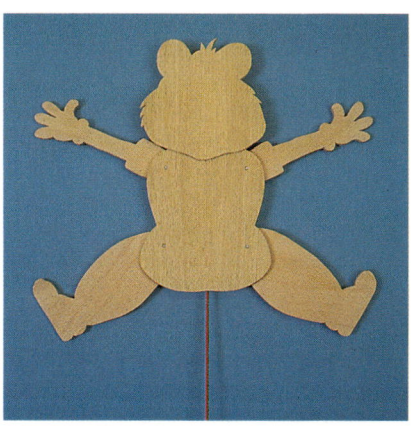

11 Nun kann der kleine Kerl richtig loslegen!

Puzzle

Ein Puzzle aus Sperrholz ist stabiler als die aus Pappe gestanzten, es hält der Ungeduld der Kleinen besser stand. Sind die Bilder der gestanzten Puzzlespiele durch ungleichmäßige Wellenlinien geteilt, hält man sich bei den gesägten an die Konturen der Bildelemente oder Ornamente. Damit die Teile nicht so leicht verlorengehen und auch weil Kinder erfahrungsgemäß mit ihrer Zusammensetzarbeit gern an den Rändern beginnen, ist es zweckmäßig, das Puzzlebild mit einem Rahmen zu umgeben. Wird dieser auf eine Rückwand, einen Boden geleimt, so ergibt sich eine – allerdings oben offene – Holzschachtel, die zugleich als Basis beim Puzzeln fungiert. Das Material sollte hochwertiges Sperrholz aus einer härteren Holzart sein, damit Eckchen nicht so bald absplittern. Billiges Sperrholz hat seine Fehler zum größten Teil im Innern: An der Kante ist zu sehen, daß innere Furnierlagen breite Fugen aufweisen. Da nun durch das Zerlegen in Teile sehr viele Kanten entstehen, können diese Hohlräume den Gebrauchswert stark beeinträchtigen, besonders, wenn gerade in sie ein Sägeschnitt fällt – dann ist die Kante häßlich und bruchanfällig.

Sie brauchen zwei gleich große Stücke Sperrholz, 15 mm länger und 15 mm breiter als das Bild oder Ornament. Achten Sie beim Durchpausen mit Kohlepapier darauf, daß das Bild genau in die Mitte des Brettchens kommt, so daß sich rundherum ein gleich breiter Rahmen von 7,5 mm Breite ergibt.

In alle vier Ecken bohren wir sehr kleine Löcher (2 mm Durchmesser), die zum »Einfädeln« der Laubsäge dienen und das Umdrehen erleichtern. Zunächst lösen wir das Laubsägeblatt einseitig aus seiner Halterung, stecken es dann – ohne es zu sehr zu verbiegen – durch eines der Bohrlöcher und spannen es wieder ein. Wenn Sie mit der Maschine sägen, verfahren Sie genauso, doch kann die Sägeblattaufnahme viel komplizierter sein als beim Laubsägebogen. Lesen Sie unbedingt die Betriebsanleitung der Maschine.

Den Rahmen schön gerade zu sägen ist eine gute Übung zur Verbesserung unserer Fertigkeit in dieser Disziplin, und kleine Ausrutscher dürfen uns nicht entmutigen. Das Bild überarbeiten Sie an den Rändern mit Schleifpapier, wobei kleine Sägebuckel eingeebnet werden. Besser geht es mit der Scheibenschleifmaschine, wobei Sie darauf achten müssen, nicht zuviel Holz abzunehmen. Die Ecken runden Sie so weit ab, daß nichts mehr von den 2 mm-Bohrungen zu sehen ist.

Jetzt sägen Sie alle vorgesehenen Linien des Bildes nach, so daß die Einzelteile des Puzzles entstehen **1**. Sie bedürfen einiger Putzarbeit mit feinem Schleifpapier.

Den Rahmen leimen Sie mit einem hauchdünnen Leimfaden auf die Rückwand **2**. Er muß rundherum exakt bündig sein. Zum Spannen können Leimklammern wie beim Hampelhamster dienen oder Wäscheklammern, deren Federhärte Sie aber zuvor einzeln ausprobieren sollten – lahme Klammern sind nicht zu gebrauchen!

Eventuell innen austretende Leimperlen entfernen Sie am besten sofort mit Papiertaschentuch und Zahnstocher. Tropfen an den Außenrändern können Sie wegen der Klammern nicht mehr entfernen. Die Außenkanten müssen aber sowieso überschliffen werden **3**, damit sie ansprechend aussehen. Ehe Sie die Teile mit Farben bemalen, sollten Sie das Kästchen und die Puzzleteile ganz mit AGLAIA-Klarlack einpinseln. Das schützt das Holz und macht unser Puzzlespiel optisch attraktiver.

Tiere auf dem Bauernhof

1 *Die ausgesägten Teile des Puzzles; die Bildecken sind etwas gerundet*

2 *Rahmen und Rückwand des Puzzles vor dem Leimen*

3 *Die Kanten des Puzzlekastens werden überschliffen*

Für diese reine Laubsägearbeit eignet sich Sperrholz in verschiedenen Dicken. Damit alle Tiere gut stehen, ist zweierlei zu beachten: Zum einen sollte auch für sehr kleine Tiere Sperrholz von wenigstens 6 mm Dicke verwendet werden, sonst fallen die kleinen Hühner und Gänse gar zu leicht um. Zum anderen müssen die Standflächen absolut gerade und winklig sein. Am leichtesten erreichen Sie das dadurch, daß Sie beim Übertragen der Vorlagen mit Kohlepapier auf die Sperrhölzer von vornherein eine maschinell gesägte Kante als Fußlinie vorsehen. Das bedeutet, daß man recht kleine Zuschnitte als Ausgangsmaterial wählt. Solche kleinen Reste finden sich im Baumarkt oft in Stöberkästen und werden billiger abgegeben.

Besonders bei den größeren Tieren wie Kuh und Pferd, für die wir 14-mm-Sperrholz genommen haben, ist es nicht ganz einfach, beim Sägen mit der Laubsäge rundherum den senkrechten Schnitt einzuhalten. Hinzu kommt, daß die Tiere möglichst aus mehrfach verleimtem Holz – z. B. fünf statt drei Schichten bei 6 mm – gefertigt werden sollten **1**. Buchenholz oder anderes härteres Sperrholz eignet sich wegen der Dauerhaftigkeit und der geringeren Neigung zum Ausfransen beim Sägen besser als das weiche und leichte Gabun.

Harte Mehrschichthölzer sind aber schwerer zu sägen. Da sollten Sie überlegen, ob Sie nicht eine Laubsägemaschine, in leistungsfähigerer Ausführung Dekupiersäge genannt, einsetzen wollen **2**. Nicht nur, daß ein solches Gerät viel Mühe erspart, es hält auch automatisch den senkrechten Schnitt ein **3**. Da es mit groben Sägeblättern auszustatten ist, **4** kann man mit ihm auch dickere Hölzer sägen, wie sie bei Ziehspielzeugen und ähnlichen Tieren sinnvoll sind. Im Gegensatz zur Stichsäge kann die Dekupiersäge viel engere Radien bewältigen, und das Umdrehen zum Richtungswechsel in Ecken ist ganz problemlos.

Die Attraktivität der ausgesägten Tiere steigt natürlich mit einer liebevollen Bemalung. Hier können Sie künstlerischen Ambitionen freien Lauf lassen!

1 Man benötigt hochwertiges Sperrholz 6 mm dick, aus fünf Schichten

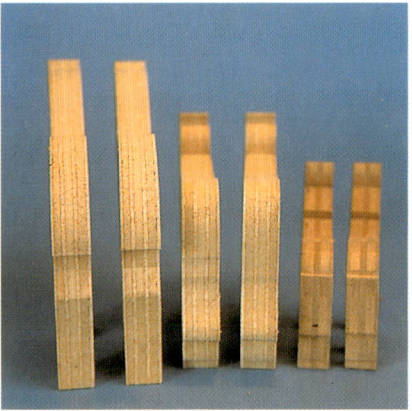

3 Der Schnitt bleibt immer winklig, wie man an ausgesägten Tieren sieht

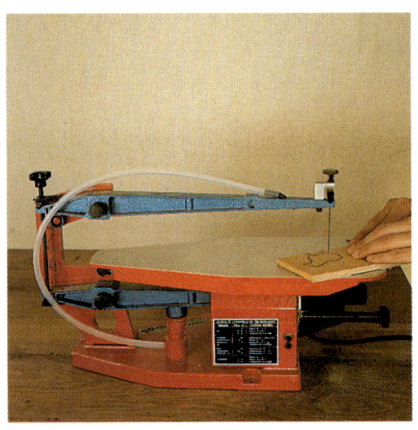

2 Mit einer Dekupiersägemaschine lassen sich ganz enge Radien sägen. Auch 40 mm starke Hölzer schafft sie

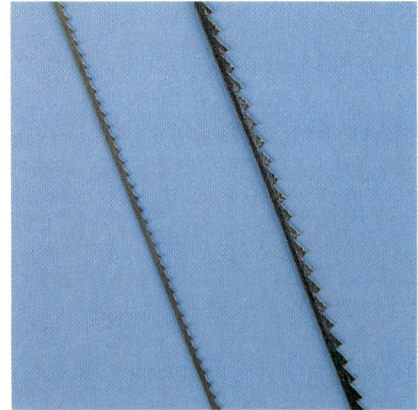

4 Vergleich: links ein Laubsägeblatt »grob Nr. 7«, rechts das viel gröbere und stabilere Dekupiersägeblatt

Gesägt und aufgedoppelt

Steckenpferd

Aus Sperrholz ausgesägte Tierfiguren lassen sich durch eine Technik, die Aufdoppeln genannt wird, plastisch gestalten. Das ganz einfache Steckenpferd hat z. B. aufgedoppelte Backen- und Nüsternpartien **1**.
Die Zeichnung auf dem Vorlagebogen läßt erkennen, daß keine engen Radien vorkommen. So sind alle Schweifsägetechniken anwendbar. Mit der Laubsäge, mit groben Dekupiersägeblättern ist die Arbeit etwas mühevoll **2**. Einfacher geht es mit der Dekupiersägemaschine oder aber mit der Stichsäge, die noch nicht einmal mit dem Schweifsägeblatt ausgerüstet werden muß. Dickes Sperrholz für großflächige Möbelteile wird hauptsächlich als Tischlerplatte aufgebaut, die Sie kennenlernen und verwenden werden (s.S. 50 ff. »Spielzeugkiste«). Für kleine geschweifte Werkstücke wie unsere ausgesägten Tiere ist sie nicht kompakt genug, am stabilsten ist sie in der Längsrichtung der Mittellage. Das sogenannte Multiplex – einst ein Markenname, der durch Sprachgebrauch zu einem Oberbegriff wurde – ist nur in ganzen Platten zu bekommen. Es sind Furnierplatten aus kreuz und quer verleimten Furnieren, genau wie das Sperrholz, das wir bisher verarbeitet haben. Dicken von 20–40 mm werden aus 20 und mehr (meist Hartholz) Furnierschichten aufgebaut und wasserfest verleimt. Da es sehr schwer zu verarbeiten, vor allem schwer abzurunden ist, wollen wir uns nicht darum bemühen. Besser fahren wir mit Exoten- oder weichem Erlensperrholz, das wir allerdings meist nur in ungenügender Dicke bekommen können. Um die erforderliche Stärke zu erhalten, müssen wir Schichten selbst zusammenleimen.
Dafür müssen unbedingt einige gute und nicht zu kleine Schraubzwingen beschafft werden. Sie lassen sich außer zum Leimen auch zum Spannen beim Bohren und bei der Kantenbearbeitung verwenden. Richtig angewandt können sie viele Funktionen einer Hobelbank ersetzen – so gesehen ist ihre Anschaffung oder der zeitliche und finanzielle Aufwand, den das Ausleihen mit sich bringt, vertretbar.

Um späteren Ärger zu vermeiden und bereits geleistete Arbeit nicht zu gefährden, ist es notwendig, die Sperrholzteile ganzflächig gut zu leimen. Die Leimspritzflasche genügt da nicht mehr, Sie brauchen einen Topf mit Weißleim und einen Pinsel.
Der Leim ist in der üblichen Handelsform meist zu dick. Man verdünnt ihn mit Wasser, das muß aber mit äußerster Vorsicht geschehen. Zu dünner Leim läßt sich nur noch retten, wenn man ihm die mehrfache Menge unverdünnten Leim zusetzt; dadurch rührt man insgesamt eine Menge an, die man kaum je verbrauchen wird. Also Vorsicht – Wasser langsam und in kleinen Mengen zugeben und umrühren! Eines der zu verleimenden Stücke bestreichen wir ganzflächig und gleichmäßig mit Leim, wobei vor allem der Randbereich nicht zu kurz kommen darf. Beim Auftragen mit dem Pinsel stellt sich schnell heraus, ob der Leim noch zu dick ist, er läßt sich dann nur schwer oder nicht in dünner Schicht verteilen.
Spannen können wir entweder direkt, was nicht sonderlich zu empfehlen ist, weil die Zwingen im weichen Holz meist Abdrücke hinterlassen oder zwischen zwei dicken (19 mm) Spanplattenstücken **3**. Wenn Sie mit Zwingen sparen wollen, rechnen Sie mit einer pro Flächeneinheit von 10 cm^2. Ecken und Kanten können danach bei unebenem Material noch auseinanderklaffen, deshalb sollte immer noch eine Reservezwinge übrig sein, um die Problemzone zu schließen. Wenn rundherum Leim in Perlen austritt, dürfen Sie sich auf die Schulter klopfen – läuft er in ganzen Tränen, sollten Sie ihn dünner auftragen **4**.
Das Steckenpferd ist aus mehreren Schichten 12-mm-Gabunsperrholz verleimt, die beiden mittleren werden vor dem Aussägen zusammengefügt. Backen- und Nüsternpartien brauchen Sie nicht allzugenau sägen. Das gilt jedoch nicht im Maulbereich und dort, wo später Nacharbeit nicht möglich ist **5** (Pfeile). Aus dem gleichen Grund müssen Sie die betroffenen Kanten vor dem Aufleimen abrunden **6**.
Der größte Teil der Backenpartie wird später von der Mähne verdeckt, da ist wenig

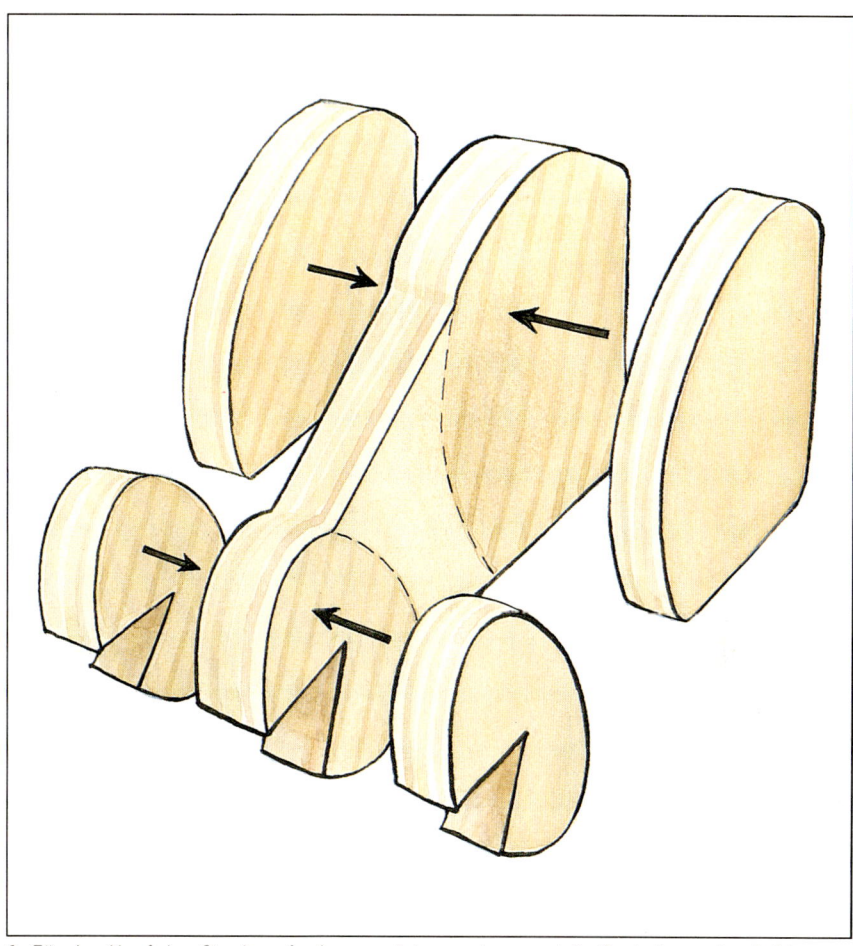

1 Für den Kopf des Steckenpferdes wendet man eine spezielle Technik an, das Aufdoppeln im Nüstern- und im Backenbereich – das macht diese Partien plastisch

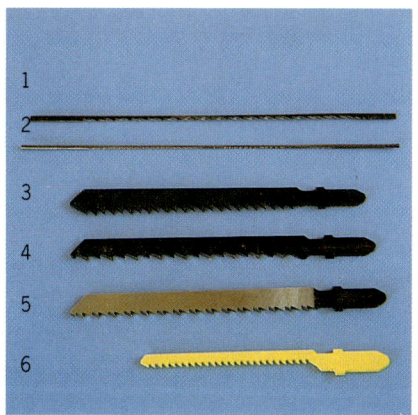

2 Spezielle Sägeblätter für die Dekupiersägemaschine. Vergleich: Laubsägeblatt **2** und Schweifsägeblatt **6** für die Stichsäge

3 So dicht sollten die Zwingen bei Flächenleimungen schon sitzen. Halten Sie für Problemzonen eine Reservezwinge bereit

Aufwand nötig. Wo die Kanten sichtbar bleiben, schleifen wir mit dem Gummikörper und einer aufgesteckten groben Schleifhülse drüber. Sehr gut geht das mit dem selbstgemachten Schleiftisch **7**.

Das Pferdemaul runden wir sorgfältig ab, dabei ersparen die Scheibenschleifmaschine und der Lamellenschleifkörper viel Handarbeit und Mühe. Sollten im Maul die vier Holzschichten nicht bündig sein, helfen wir mit der kleinen, sehr groben Halbrundfeile nach, denn mit ihr kommt man am ehesten in die Tiefe des spitz endenden Mauls.

Die Augen aus Querholzzapfen können Sie einfach anreiben. Solch kleinflächige Leimungen halten auch ohne Zwingendruck zuverlässig. Die Plättchen gibt es zu kaufen – aber nur in großen Mengen. Lassen Sie sich vom Schreiner eine Handvoll in verschiedenen Durchmessern geben, sie können – wie hier – zur Garnierung oder für ihren eigentlichen Zweck, das Ausflicken durchfallender Äste in Massivholz, verwendet werden.

Die Oberlippe schleifen Sie mit der Scheibenschleifmaschine etwa unter 45° beidseitig schräg an **7**. Auf die entstandenen Flächen leimen Sie – wenn Sie die Nüstern nicht nur malen wollen – zwei ovale Ringe aus 3-mm-Sperrholz auf (hier darf es hartes sein) **8**.

Der Stecken des Pferdes ist ein 45–50 cm langer 20-mm-Dübelstab, der einerseits in ein etwa 2 cm tiefes Loch **9** in der Unterseite des Kopfes, andererseits in ein passendes Bohrloch in einer 45-mm-Holzkugel geleimt wird. Der Griffstab ist aus dem gleichen Dübel – 14 cm lang; runden Sie seine Enden gut ab, mit einiger Übung gelingen da regelrechte Halbkugeln.

Beim Bemalen und Aufzäumen ist wie bei jedem Spielzeug die Phantasie gefordert. Hier bieten sich ganz individuelle Möglichkeiten. Die Ohren (siehe Vorlagebogen) schneiden Sie aus Leder zu, kniffen sie am Ende und nageln sie an den Pferdekopf. Diese Stelle wird von der Mähne verdeckt. Für sie eignet sich ein Stück eines Zottelfells ein alter Muff oder eine alte Pelzkappe. Zum Aufkleben nehmen Sie einen Alleskleber.

4 Eine gute Leimung ist an den austretenden Leimperlen zu erkennen

7 Mit dem Schleiftisch werden die Kanten beim Egalisieren der Aufdoppelungen winklig

5 Diese Rundungen (Pfeile) müssen Sie vor dem Aufleimen der Doppelungen anschleifen; nachher kommen Sie nicht mehr dran

8 Die Nüstern sind zwei ovale Sperrholzringe, sie werden mit wenig Leim angerieben

6 Die starke Rundung vorzuschleifen schafft die Scheibenschleifmaschine am schnellsten

9 Für den Stecken, 45–50 cm lang, und für den Griffstab, 14 cm lang, bohrt man Löcher von 20 mm Durchmesser

Watschelente

Die Watschelente als Schiebetier ist fast genauso aufgebaut wie das Steckenpferd. Für die mittlere Lage haben wir 14-mm-Sperrholz genommen, damit Schnabel und Hals nicht zu klobig werden. Die Aufdoppelungen sind aus 8-mm- (Gesicht) bzw. 12-mm- (Körper) Sperrholz ausgesägt **1**. Beim Leimen und Abrunden arbeiten Sie sinngemäß so, wie es beim Steckenpferd beschrieben wurde (s. S. 20 ff.)

Für die Ente müssen wir erstmals ein Fahrwerk bauen. Natürlich wäre es möglich, die Räder einfach mit zwei nicht ganz festgedrehten Schrauben zu montieren. Wir haben es aber vorgezogen, eine Achse aus einem 12-mm-Aluminiumrohr zu verwenden, schon damit die Watschelfüße in der gleichen Stellung zueinander bleiben. Zunächst brauchen wir eine Spurverbreiterung, damit das Tier beim Fahren nicht gleich umfällt. Das Material hierfür ist das gleiche wie für die Räder: zwei Schichten 12-mm-Sperrholz aufeinandergeleimt. Wir nehmen ein so großes Stück, daß es für zwei Räder von ca. 60 mm Durchmesser sowie für die zwei Verbreiterungen von 30 mm Durchmesser reicht und daß es außerdem noch mit zwei Zwingen auf den Bohrtisch gespannt werden kann.

Das Aussägen von Scheiben mit der Zylindersäge und deren Verputzen und Abrunden ist auf S. 26 ausführlich beschrieben. Die Verbreiterungen leimen Sie – einander genau gegenüberliegend – mit einer Zwinge auf den Entenkörper auf. Sie müssen sehr gut geleimt sein, denn sie haben allerhand auszuhalten.

Weil wir für die Achse ein 12-mm-Aluminiumrohr mit 1-mm-Wandstärke (gibt es in Meterstücken im Heimwerkermarkt) verwenden wollen, brauchen wir eine Lagerbohrung von 13 mm Durchmesser. Hätten wir beim Bohren nur das Spurverbreiterungsteil als Auflage, wäre das zu unsicher. Deshalb legen wir die Ente lieber auf zwei gleich hohe Leistenstücke **2**. Als 13-mm-Bohrer kommt nur ein Spiralbohrer für Metallbearbeitung in Frage; spezielle Holzbohrer gibt es kaum in Zwischenmaßen. Spiralbohrer wollen das Werkstück mitreißen. Halten Sie also die Ente gut fest, oder spannen Sie sie mit zwei Zwingen auf. Würden wir ganz durchbohren, dann gäbe es an der Austrittsstelle des Bohrers solche Splitter, daß unsere Ente nicht mehr zu gebrauchen wäre. Deshalb bohren wir nur bis etwa in drei Viertel der Tiefe. Dann nehmen wir die Klötze weg und bohren den Rest, indem wir das Werkstück fest auf ein Unterlegeholz pressen. Die Watschelfüße schneiden Sie aus etwa 2 mm dickem Gummi nach der Vorlage mit der Schere aus. Der Gummi kann von einem unbrauchbar gewordenen Autoschlauch stammen oder von einer alten Wärmflasche. Passend zur Gummidicke müssen in die Räder Schlitze gesägt werden **2** (s. auch Vorlagebogen). Das ist ein kleines Problem, denn keine unserer Sägen macht einen 2 mm breiten Schnitt. Wir haben mit der Dekupiersäge zwei Schnitte nebeneinander angebracht – schon eine knifflige Arbeit!

Die Gummifüße werden – aber erst ganz zuletzt, wenn die Räder lackiert sind – mit Gummilösung bestrichen und in die Schlitze geklebt. Zur Sicherung sollten Sie eine kleine Flachkopf-Holzschraube eindrehen **3**.

Die Räder haben eine 6 mm-Bohrung vom Bohrer der Zylindersäge. Die müssen Sie auf 12 mm vergrößern. Das geht nicht ohne weiteres mit Holzbohrern mit kleiner Zentrierspitze, besser mit einem Metallspiralbohrer. Zum Festhalten des Rades beim Bohren nehmen Sie eine Schraubzwinge.

1 Noch ohne Räder und Schiebestab – so ist die Ente aufgebaut

2 Die Lagerbohrung verlangt eine sehr stabile Auflage

3 Für den 2 mm-Einschnitt sind zwei Laubsägeschnitte notwendig; der Watschelfuß wird durch ein Schräubchen gesichert

4 Die Holzzulage schützt das Rohrende beim Einschlagen

5 Mit einem Stahlnagel fixiert man das Rad auf der Welle

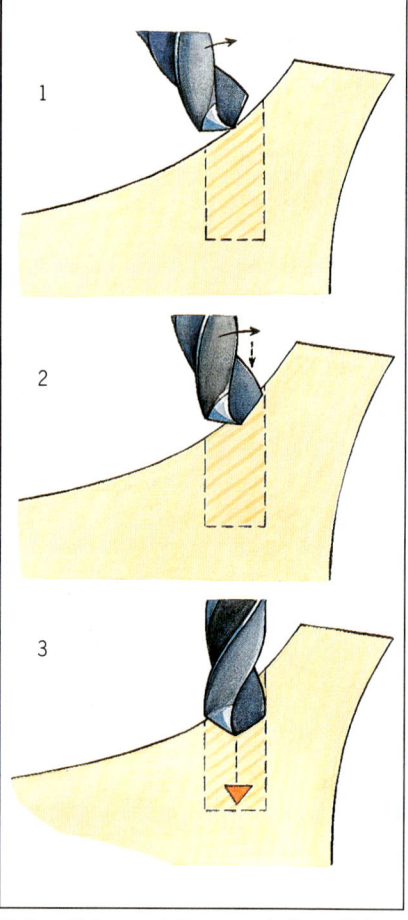

6 Der Bohrer wird zum schrägen Bohren allmählich aufgerichtet

Die Abbildung auf S. 29 verdeutlicht anhand der Räder des Ziehtiers den Arbeitsgang.

Da das Aluminiumröhrchen, das wir als Achse verwenden wollen, 1 mm Wandstärke hat, paßt innen ein 10-mm-Dübelstab hinein. So ist es an den Enden verschlossen, stabiler, und unsere Sicherung, ein 30 mm langer Stahlnagel, findet besseren Halt **4**. An sich würden – bei gut passenden Bohrungen – die Räder auch so auf der Achse halten. Wenn Sie aber den Nagel einschlagen – seine harte, scharfe Spitze durchdringt das Aluminium ohne Vorbohren – geht das Rad ganz sicher nicht ab.

Beim Absägen des Aluminiumrohrs – am besten zusammen mit dem vorher eingeschlagenen Dübel – geben wir zur Dicke der Ente und der beiden Räder noch 7 mm zu. Wir wollen nämlich hinter jedem Rad eine 12-mm-Unterlegscheibe einfügen, das vermindert die Reibung, und etwas Luft in der Länge braucht die Achse auch, damit sie sich leicht drehen kann.

Wenn Sie keine Eisensäge haben, können Sie das Röhrchen samt Dübel mit der Laubsäge absägen. Auch dicke Nägel und dünne Stahlröhrchen lassen sich so ganz gut abtrennen. Das Laubsägeblatt wird dadurch natürlich stumpf, doch ist es so billig, daß Sie es wegwerfen können.

Beim Umgang mit einem Röhrchen achten

Hoppelhase

Sie darauf, daß Sie seine Enden immer sauber entgraten, bevor Sie es in eine Bohrung im Holz klopfen. Das scharfe, vom Sägen zackige Rohrende könnte sonst das Loch ausleiern; das Rad wackelt dann auf der Achse. Soll ein Dübel die Rohrhöhlung ausfüllen, müssen Sie auch ihn mit einer passenden Rundfeile entgraten.

Läßt sich das Rohr nicht mühelos in die Bohrung des Rades einschlagen, so besteht die Gefahr, daß das obere Rohrende gestaucht und damit dicker wird. Das darf nicht geschehen! Legen Sie deshalb zum Schutz ein Stück Holz an das Rohrende, und hämmern Sie erst dann weiter **5**. Auf dem Vorlagebogen ist knapp über dem Entenschwanz ein Strich eingezeichnet; er wird auf das Holztier übertragen, denn er dient als Richtungsweiser für die Bohrung des Schiebestabs. Wir schauen den Strich entlang und haben so den ungefähren Winkel, unter dem der Bohrer anzusetzen ist. Er muß hier eine schräge Fläche anbohren; dabei wird er ausweichen und übers Material tanzen wollen. Setzen Sie ihn deshalb senkrecht zur Fläche an, bohren Sie 3–5 mm tief, und richten Sie ihn auf, wenn er im Holz etwas Führung hat **6**.

Der Schiebestock ist ein Dübelstab, 35 cm lang und mit 14–16 mm Durchmesser. Seine Dicke richtet sich danach, was Sie im Sortiment Ihres Hobbymarkts finden, und ob Sie den passenden Bohrer haben. Das Aufbohren der Kugel, das Einleimen und das Verschließen des kleinen Lochs in der Kugel ist beim »Tannenbaum« S. 36 ff. ausführlich beschrieben.

Mit Glasaugen zum Aufkleben aus dem Bastelgeschäft können Sie die Ente wie auf dem Foto gezeigt ausstatten. Sonst malen Sie die Augen einfach auf und verschönern das Aussehen des Tieres mit Farben Ihrer Wahl. Denn lustig bemalt kommt die Ente bei Kindern besonders gut an; zumal sie im Gegensatz zum Nachziehtier immer im Blickfeld der Kleinen ist.

Der Hoppelhase hat wie die Ente ein Fahrwerk mit durchgehenden Achsen aus Aluminiumrohren. Die Hinterachse ist jedoch exzentrisch 1 cm außerhalb der Radmitte eingebohrt. Deshalb hebt und senkt sich das Hinterteil des Hasen beim Fahren – er hoppelt.

Die Hasenohren, waidmännisch bekanntlich Löffel genannt, bestehen tatsächlich aus zwei ovalen Holzkochlöffeln. Charakteristisch für Hasen sind ihre beim Knabbern sichtbaren Vorderzähne, deshalb hat unser Hase einen großen Nagezahn aus weißem Ahorn – oder aus anderem, weiß bemaltem Holz.

Da Körper und Läufe des Hasen von geschlossener – rundlicher Form sind, eignet sich Massivholz als Material. Beim Schreiner fanden wir ein dickes Fichtenholzbrett, das zwar lang genug, jedoch etwas zu schmal für die Hasenteile war, doch der Schreiner hat uns ein Stück von der Länge abgeschnitten und in der Breite drangeleimt, so daß auch der Hasenkopf noch Platz fand. Die Hasenläufe wollten wir etwas dünner haben als Kopf und Körper. So ließen wir den Körper 33 mm und die Läufe 29 mm dick aushobeln.

Während man bei Sperrholz darauf achtet, die Teile beim Aufzeichnen materialsparend zusammenzurücken, schaut man bei Massivholz auf die Faserrichtung und darauf, Äste möglichst zu vermeiden **2**. Dabei kann man es ausnützen, daß große Partien des Hasenkörpers von den aufgeleimten Läufen verdeckt werden. Muß doch ein größerer Ast in Kauf genommen werden, wie hier am Hasenbauch, dann flicken wir ihn aus, wie der Schreiner sagt. Anstelle des Astes bohren Sie mit dem Forstnerbohrer, der deshalb auch Astlochbohrer heißt, ein in der Größe passendes Loch **3** und leimen einen sogenannten Querholzzapfen ein **4**. Ihn haben Schreiner in verschiedenen Durchmessern vorrätig. Entweder bohren Sie die Lochtiefe passend zum Zapfen, oder Sie arbeiten weniger tief und sägen den Überstand mit der gekröpften Feinsäge ab.

An den Kanten des zuletzt etwa 9 cm dikken Hasen kann man nach dem Verleimen nichts mehr schleifen – da reicht unser Schleifzylinder nicht. Deshalb lassen wir dort, wo die Konturen von Körper und Hinterläufen unmittelbar vor dem Hasenschwänzchen zusammentreffen, die Läufe einige Millimeter überstehen – sie zu ebnen, wäre zu aufwendig, denn es müßte von Hand geschehen.

Die Teile, die ja keine ganz engen Rundungen aufweisen, können wir alle mit der Stichsäge aussägen. Dabei kommt uns deren hohe Schnittleistung zugute. Wo sie nicht um einen der engeren Bögen kommt, fahren wir sie etwas zurück und schaffen durch seitliches Sägen in den Abfall einen so breiten Schnitt, daß sich in dem das Werkzeug genügend schwenken läßt.

Nun können Sie das Tier schon probeweise zusammenspannen **5** und mit Bleistift die Zonen markieren, in denen die Kanten der Teile nicht abgerundet werden. Das sind vor allem die Läufe dort, wo sie flach auf dem Körper aufliegen sowie die Bauch- und die Rückenpartie zwischen den Läufen. Zur Kantenbearbeitung können Sie die Teile in den Schraubstock spannen **6** oder mit einer Zwinge an ein senkrechtes Brett klemmen **8**, das (s. S. 7 ff. »Werkzeuge und Techniken«) seinerseits mit Zwingen am Tisch befestigt ist, oder (empfehlenswert) mit Schrauben an Tischkante und -beinen montiert wird. Das Kantenrunden in den Ekken sowie an Kopf und Schwanz wird mit der Hand ausgeführt und geht am besten mit einer kleinen Halbrundfeile **7**, deren Hieb sehr grob sein sollte.

Um das Auge plastisch zu gestalten, bohren Sie mit dem 20-mm-Forstnerbohrer auf beiden Seiten des Kopfes 2–3 mm tief. Exzentrisch dazu bohren Sie 12 mm durch und leimen in diese Bohrung ein Stückchen 12-mm-Dübelstab, und zwar so tief, wie der Hasenkopf dick ist.

Für die Ohren müssen Sie Löcher bohren, in die die Kochlöffelstiele geleimt werden –
eine nicht ganz einfache Arbeit. Die Stiele haben individuelle Maße, in denen nur Spiralbohrer zu bekommen sind (bei uns waren es 11 mm).

Auf der Kante können Sie den Bohrer nicht ansetzen. Feilen Sie deshalb mit einer größeren Rundfeile zunächst eine schräge Kerbe, in der er greift. Sobald er dann ein bißchen angebohrt hat und damit einen Halt findet, richten Sie ihn in der vorgegebenen Richtung und entsprechender Position aus und bohren dann etwa 1,5–2 cm tief. Besser ist natürlich ein eher zu kleiner Bohrer als einer, der auch nur wenig zu groß ist; die Löffelstiele, zuvor passend abgesägt, lassen sich leicht konisch dünner feilen oder schleifen, bis sie in ein an sich zu kleines Loch stramm passen.

Für die Räder haben wir 30 mm dickes Eschenholz genommen. Sie können aber ebensogut Buchen-, Eichen- oder sonst ein Hartholz verwenden. Es sollte nur ein schönes Stück sein, denn der Hase eignet sich für eine Naturlackierung, sofern die Fichtenholzteile ansehnlich sind.

Ein kleines Problem sind die Hinterräder, die mit ihren 90 mm Durchmesser nicht mehr mit der Zylindersäge gefertigt werden können. Wir müssen sie mit der Stichsäge arbeiten und rundherum mit der Scheibenschleifmaschine egalisieren, wo es nötig ist.

An sich brauchen die Hinterräder kein Loch in der Mitte. Wir bohren aber trotzdem je eines, und zwar von 5 mm Durchmesser. Da hinein drehen Sie eine 6-mm-Holzschraube, deren Kopf Sie absägen müssen **9**. Nun können Sie das Rad in die waagerecht eingespannte Bohrmaschine spannen und bei laufender Maschine mit dem Schleifklotz die Kanten recht gleichmäßig bearbeiten.

Die kleinen Vorderräder (70 mm Durchmesser) haben eine durchgehende Bohrung, weil wir sie mit der Zylindersäge hergestellt haben. Zunächst verwenden wir diese Bohrung, um auch hierin eine Holzschraube (den Schraubenkopf absägen) zu drehen und die Kanten zu versäubern. Dann verschließen wir die Bohrungen einseitig mit selbstgeschnitzten Stopfen **9**,
die mit einem Tropfen Leim versehen eingeschlagen werden. Gut überschliffen ist diese Korrektur kaum zu sehen.

Wenn Sie den Hasen naturlackiert lassen wollen, bohren Sie auch die Achsenbohrungen in den Rädern nicht durch. Allerdings müssen alle vier Löcher gleich tief sein, sonst sind die Achsenlängen schwer zu ermitteln. Das ist aber recht einfach zu bewerkstelligen, da der Bohrständer in aller Regel einen Tiefensteller hat, den Sie jetzt benutzen und so einstellen, daß die 12-mm-Bohrungen in den Rädern 25 mm tief werden. Nachdem die Hasenläufe entsprechend der Probespannung **5** aufgeleimt wurden und gut getrocknet sind, folgen nun die 13-mm-Lagerbohrungen in den Läufen, weil es dann nichts ausmacht, wenn ihre Lage nicht ganz präzise stimmt. Allerdings muß beim Bohren ein Stück Abfallholz vom Hasenleib zwischen die Länge gelegt werden, sonst splittern sie **10**.

Nun haben wir nur noch die 12-mm-Aluminiumröhrchen zu sägen. Ihre Länge errechnet sich aus Hasenkörperdicke plus zweimal die Lochtiefe in den Rädern plus 7 mm. Von diesen 7 mm brauchen wir 5 mm für zwei Unterlegscheiben und 2 mm als Zwischenraum für die Axialluft. Sichern Sie die Räder mit Stahlnägeln, wie bei der »Watschelente« empfohlen.

Da der Hoppelhase ein Ziehtier ist, benötigt er eine Kordel. Dafür bohren wir in die Hasenbrust ein entsprechendes Loch und leimen die Kordel ein – vgl. Hampelhamster S. 13 ff., nur daß wir statt des Zahnstochers einen Schaschlikspieß nehmen. Ans Ende der Kordel können Sie mit dem gleichen Verfahren eine Holzkugel leimen. Vor dem Lackieren sollten Sie noch Augen und »Hasenscharte« mit schwarzem Filzstift aufmalen. Leimen Sie auch den Zahn vor dem Lackieren ein, sonst hält er womöglich nicht **11**!

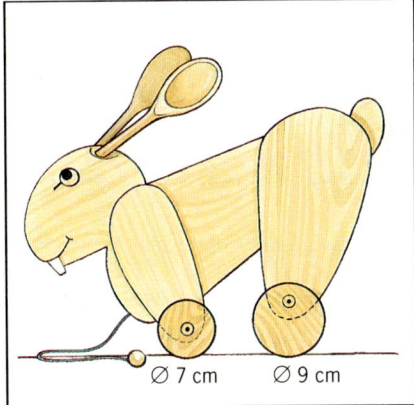
1 Übersichtszeichnung des Hoppelhasen mit Löffeln, Rädern und Nagezahn

4 In das Bohrloch setzt man einen passenden Querholzzapfen ein

7 Mit der Halbrundfeile kommt man am besten in spitze Ecken

2 Beim Aufzeichnen der Umrisse gehen wir Ästen aus dem Wege

5 Hier haben wir die Hauptteile des Hasen probeweise zusammengespannt

8 Die Bohrlöcher für die Löffel dürfen nicht zu groß ausfallen

3 Ein Astloch, das man nicht umgehen kann, bohrt man aus

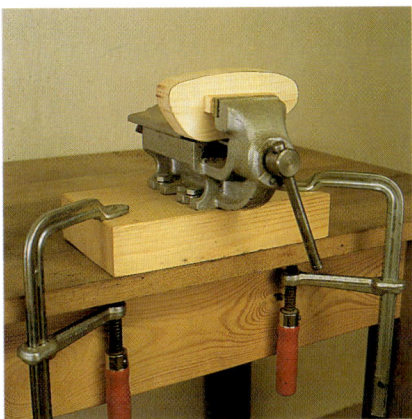
6 Kleine Teile spannt man zur Bearbeitung in den Schraubstock

9 Oben: Schraube ohne Kopf zum Einspannen für die Bearbeitung
Unten: So wird eine Bohrung verschlossen

Nachziehkatze

10 Bei dieser Bohrung muß ein Stück Holz zwischen die Läufe gelegt werden

11 Der Nagezahn wird gedübelt und in eine entsprechende Bohrung geleimt

Für das klassische Nachziehtier – eine der ältesten Spielzeugformen – haben wir die Katze gewählt.

Als besonderer Effekt ist der Katzenkopf extra ausgesägt und auf den Körper geleimt, und zwar auf eine angeschrägte Fläche. So hebt sich die untere Gesichtspartie vom Körper ab und wirkt viel markanter, als wenn sie nur durch die Bemalung von ihm abgegrenzt wäre.

Richtig enge Kurven gibt es nicht, so daß sich der Körper – aus zwei 12-mm-Sperrhölzern verleimt – und der Kopf – aus 14-mm-Sperrholz – mit der Stichsäge aussägen lassen. Das Konturenschleifen **1** und das Abrunden der Kanten **2** und **3** können Sie zum großen Teil maschinell machen, von Hand mit Feile und Schleifpapier nur dort, wo die Schleifkörper nicht hingelangen **4**. Nach einiger Zeit bekommt der Lamellenschleifkörper eine Kerbe, die die Führung der zu bearbeitenden Teile sehr erleichtert, und gleichzeitig hinterläßt er eine schöne Abrundung, ohne daß Sie die Teile in verschiedenen Winkeln führen müßten. Die erwähnte Abschrägung des Katzenkörpers, auf die der Kopf aufgeleimt wird, schleifen Sie am leichtesten mit der Scheibenschleifmaschine freihändig an **5**. Mit ihr fertigen Sie auch das Grundbrett für die Radachsen – aus zweimal 12-mm-Sperrholz, 30 x 12 cm, verleimt, – denn die Maschine schleift gerade, winklig und rundet die Ecken etwas ab.

Um das mit 12 cm doch recht breite Grundbrett 9 mm zu durchbohren (Tiere auf schmalen Grundbrettern fallen zu leicht um), sind gewöhnliche Bohrer zu kurz. Auch ist das Arbeiten so tiefer Löcher problematisch, weil sich die vielen anfallenden Späne in den Bohrernuten stauen. Man sollte den Bohrer mehrfach herausziehen und (Maschine abschalten!) ausspänen, wie der Schreiner sagt. Wenn Sie mit einem großen Astlochbohrer die Unterseite des Brettes tief anbohren, dann fertigen Sie das 9-mm-Loch in zwei Teilschnitten **6**. Zum Bohren eignet sich die schmale Brettkante als Auflage nicht. Ist sie nicht exakt im Winkel, dann gibt es schräge Löcher. Spannen Sie deshalb ein winkliges Klötzchen an das Brett, dann haben Sie eine stabile Basis **6**.

Nun können Sie in einem Arbeitsschritt die Katze aufs Brett und den Kopf an den Körper leimen. Dafür brauchen Sie gute Zwingen, deren Druckteller leicht und im ausreichenden Winkel pendeln können, denn bei beiden Leimungen sind die Druckflächen nicht genau planparallel zueinander **7**. Wo die Katzenpfoten aufs Brett treffen, sollten Sie die Leimstellen verstärken. Schrauben allerdings sind dafür nicht geeignet, denn sollte die Katze je beim Spielen kaputtgehen, dann können die hervorstehenden Schraubenspitzen böse Verletzungen verursachen. Viel besser ist es, nach dem Trocknen des Leims von unten her 8-mm-Dübel einzusetzen (s. S. 30 ff. »Nikolaus«). Jetzt fehlen noch Räder und Achsen. Aus dem eben erwähnten Grund der Verletzungsgefahr wollen wir Holzschrauben im Spielzeugbau weitgehend vermeiden. Durchgehende Achsen haben wir schon aus dickeren Röhrchen gemacht (s. S. 25 ff. »Hoppelhase«). Hier nehmen wir Stahlröhrchen 8 x 1 mm (Durchmesser mal Wandstärke), wie sie der Installateur für Flüssiggasanlagen verwendet. Er liefert uns auch preiswert Abschnitte, die er wegen ihrer geringen Länge nicht mehr gebrauchen kann. Am besten besorgen Sie sich gleich eine ganze Menge davon, denn für die Holzautos (s. S. 40–44) sind sie auch vorgesehen. Diese Röhrchen lassen sich mit der Eisensäge oder mit der Laubsäge auf genaue Länge zuschneiden. Sie müssen entgratet werden, worauf bei der Watschelente schon hingewiesen wurde.

Die Räder sägen Sie mit der Zylindersäge aus dickerem (20 mm) oder selbstverleimtem Sperrholz in ähnlicher Dicke aus. Sie haben dann vom Bohrer der Zylindersäge her ein meist 6 mm großes Loch im Zentrum. Das müssen Sie auf 8 mm erweitern. Wenn Sie die Möglichkeit haben, die

1 Zunächst schleifen Sie die Konturen des Katzenkörpers

4 Die gekerbte Abnützung des Lamellenschleifkörpers ist erwünscht und hilfreich

7 Für die Leimvorgänge braucht man Zwingen, deren Druckteller leicht beweglich sind

2 Abrunden der Kanten mit dem Lamellenschleifkörper

5 Anschleifen der Schräge am Katzenkörper, auf die der Kopf aufgeleimt wird

8 Die Zwinge ersetzt eine große Zange. Niemals das Rad mit den Fingern festhalten!

3 Auch der Katzenkopf kann weitgehend maschinell bearbeitet werden

6 Durch diesen Trick wird die Bohrtiefe für die Radachsen verringert

9 Wie auf einer Drechselmaschine werden die Räder geschliffen

Nikolaus

Bohrmaschine elektronisch auf eine sehr niedrige Drehzahl einzustellen, wird das Loch besonders genau; die Röhrchen passen dann stramm hinein.

Halten Sie die Räder beim Bohren der Achsenlöcher nicht mit den Fingern fest – das ist viel zu gefährlich! Wenn Sie keine sehr große Wasserpumpenzange haben, halten Sie jedes Rad mit einer angesetzten kleinen Schraubzwinge fest **8**.

Das Montieren der Räder auf den Achsen geschieht durch Vernieten. Hohlnieten, wie sie überall in der Metallverarbeitung eingesetzt werden, sind nichts anderes als kleine Röhrchen. Zum Nieten brauchen Sie einen Amboß, ein derbes Stück Eisen oder die Fläche, die an vielen Schraubstöcken für solche Arbeiten vorgesehen ist. Darauf stellen Sie die fertigmontierte Achse mit Rädern, Grundbrett und Unterlegscheiben und führen mit einem dicken Körner (s. S. 44 »Rennwagen«) einige Schläge auf das Achsende aus. Dabei dornt es sich auf, wodurch das Rad sicher festgehalten wird. Räder, die mit der Zylindersäge hergestellt wurden, haben nicht gerade schöne Kanten. Wenn wir nun ein Stück Achsenröhrchen einschlagen und dieses in die Bohrmaschine spannen **9**, erhält man eine ähnliche Anordnung wie auf einer Drechselmaschine. Drechseln kann man so natürlich nicht, aber die Kanten lassen sich mit dem Schleifklotz versäubern und sehr gleichmäßig abrunden. Die Achsenlänge ist nicht angegeben, weil sie von den Gegebenheiten abhängt. Es gilt: Breite des Grundbretts plus Dicke von zwei oder vier 8-mm-Unterlegscheiben plus Dicke von zwei Rädern plus 2 mm Axialluft.

Katzen sind in der Natur vielfältig getigert, was sich beim bemalen natürlich weit attraktiver nachahmen läßt, als eine einfache Einfärbung von Schwarz und Weiß. Wie bei jeder Bemalung können sie auch hier Ihren Vorlieben nachgeben.

Körper und Kopf mit Pelzmütze und die Schuhe der Nikolausfigur bestehen aus 40 mm bzw. 32 mm dicken Massivholzklötzen, alle anderen Teile wurden aus verschieden dicken, zum Teil verleimten Sperrhölzern gesägt.

Körper und Kopf werden stark abgerundet, nur dort nicht, wo Wülste aufzuleimen sind und wo Kopf und Körper zusammenstoßen. Die Wülste an Mütze, Ärmelstößen und Mantelsaum sägen Sie aus 14-mm-Sperrholz aus. Sie werden als Scheiben unter den Körper, zwischen Kopf und Mütze und zwischen Arme und Hände geleimt. Letztere befinden sich nicht mit auf der Teilezeichnung, die Maße ergeben sich aus den Querschnitten der Arme: ca. 30 x 28 plus 4–5 mm rundherum.

Der Bart aus 3–6 mm dünnem Sperrholz erhält beim Durchpausen zwei Markierungen, die später das Aufleimen auf die Wangen erleichtern. Da man den Kopf auf die abgeschrägte Körperoberkante leimt, neigt er sich nach hinten, wodurch wiederum der Bart vom Körper absteht.

Beim Abrunden des Körpers müssen Sie an den Seiten genügend Fläche stehen lassen, damit die Arme sicher angeleimt werden können. Die Schuhe können Sie einfach drunterleimen. Wir aber haben sie mit zwei kurzen Dübelstückchen befestigt, denn dann lassen sie sich verdrehen.

Die Arme leimen Sie aus zwei Schichten

14-mm-Sperrholz, beide Hände aus 12-mm-Sperrholz. Bohren Sie in die linke Hand vor dem Sägen der Form das Loch für die Kerze, damit das Stückchen Auflage hat. Beim Bohren mit einer Zange festhalten! Die Abbildung zeigt die zum Teil schon verleimten Einzelteile. Es ist zu sehen, daß das Verleimen (nur Anreiben, Spannen muß hier nicht sein) in zwei Schritten vor sich geht – Wülste und Bart kommen zuerst. Die Nase des Nikolaus besteht aus einem kurzen Dübelstück, vorn abgerundet und zuletzt eingeleimt.

Sie können Glasaugen aufkleben oder die Augen aufmalen. Die Farbgebung der Nikolausfigur ist sozusagen vorgeschrieben – der Nikolaus kann einfach nichts anderes tragen, als einen roten Mantel! Dem Kontrast zuliebe bekommt er eine silberne oder weiße Kerze.

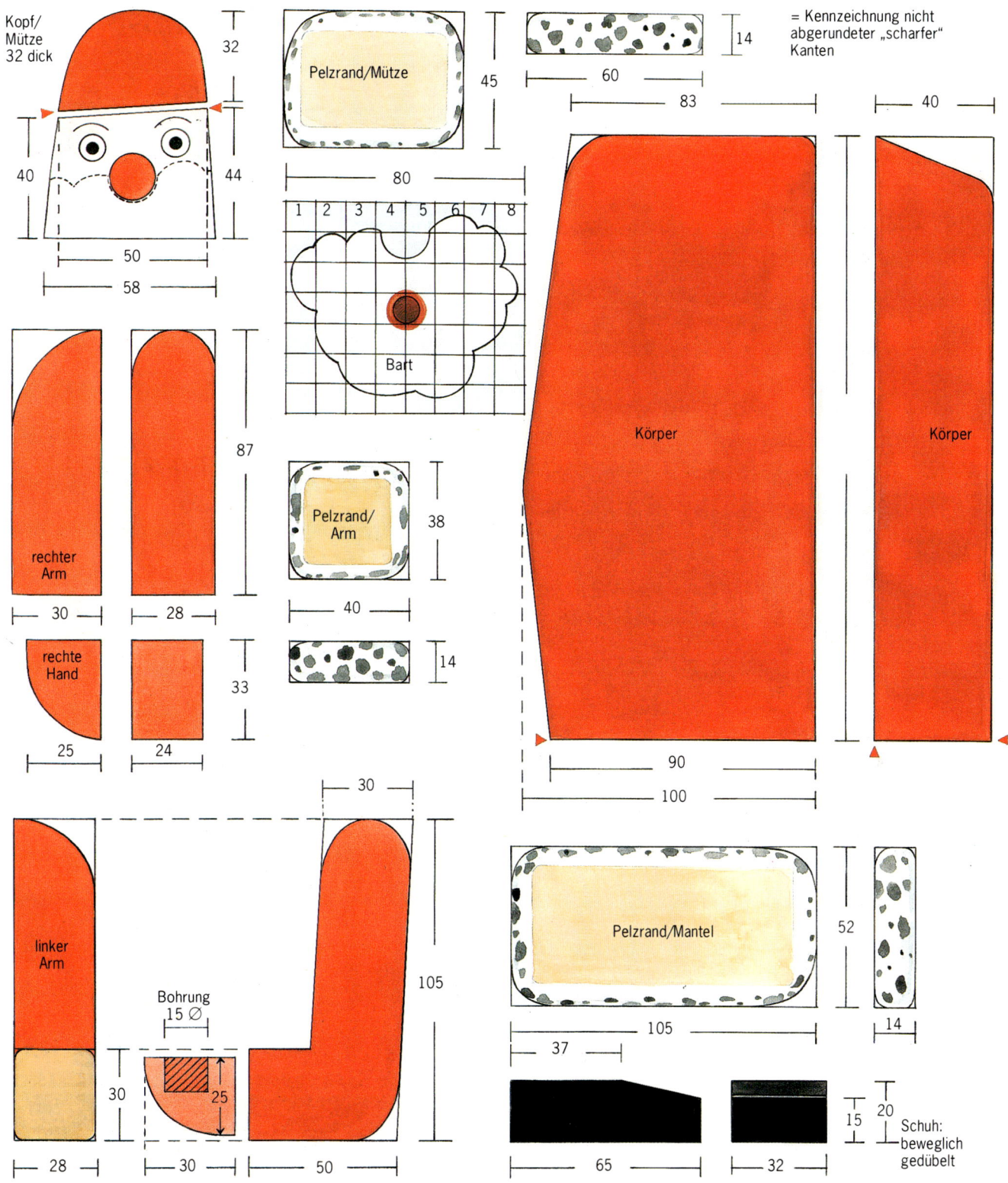

Aus Leisten

Bauklötze

Bauklötze für Kleinkinder sollten groß sein, weil sie dann leichter zu greifen sind. Das Aufeinanderstapeln gelingt dem Kind ebenfalls besser, weil die größeren Flächen einem Turm mehr Stabilität verleihen, auch wenn der Aufbau ein bißchen ungenau vor sich gegangen ist.
Größere Kinder möchten richtig bauen. Man kann sie dazu anleiten, die Klötze im Verbund zu stapeln, wie es der Maurer tut. Dafür ist Voraussetzung, daß die Klötze die gleichen Maßverhältnisse aufweisen wie die klassischen Ziegelsteine, nämlich 1:2:4. Zum richtigen Mauern gehört außerdem eine Anzahl halber Steine, die gerade Abschlüsse ermöglichen. Mit 100 oder mehr Steinen zuzüglich 20–40 halben Steinen kann man imposante Bauwerke errichten. Als Material eignet sich Fichten- oder Kiefernholz. Fertiggehobelte Hölzer – im Verhältnis Dicke x Breite = 1:2 – werden selten in der nötigen Maß- und Winkelgenauigkeit angeboten. Da ist es besser, einen freundlichen Schreiner aufzusuchen und ihm genau zu erklären, was man braucht.
Hat der Schreiner kein geeignetes Holz am Lager, dann kaufen Sie im Sägewerk ein oder zwei Bretter. Diese kleine Menge ist lufttrocken zu bekommen; außerdem können Sie Kürzungen verwenden, die billiger abgegeben werden. Fehler im Holz – meist Äste – beheben Sie später, indem Sie das Stück mit dem Ast absägen **1**. Wenn Sie 30 mm dickes Holz verwenden, gehen Sie davon aus, daß die Dicke nach dem Hobeln noch rund 27 mm beträgt. Daraus ergibt sich jetzt die Klotzbreite 27 x 2 = 54 mm. Mit Sägeschnitt und Hobelzugabe muß man pro Leiste roh 60 mm Breite rechnen. Wenn Sie ein oder mehrere Bretter in transportfreundliche Stücke zerlegen lassen, sollten Sie darauf achten, daß der Trennschnitt möglichst an eine Stelle kommt, wo die Brettbreite ein mehrfaches von 60 mm beträgt – das erspart Abfall.
Die drei abgebildeten Brettstücke **2** im Foto haben 40 Bauklötze ergeben, damit haben Sie einen Anhaltspunkt, wieviel Holz Sie kaufen sollten.

Ob die Leisten stimmen, die uns der Schreiner gesägt und gehobelt hat, ist leicht zu kontrollieren. Wir legen sie zusammen und fühlen dann, ob die Breite wirklich genau zwei Dicken beträgt **3**.
Beim Zersägen der Leisten in Klötze hilft eine Schneidelade, am sinnvollsten eine solche, die eine nach unten vorstehende Wange hat und deshalb nicht über den Arbeitstisch rutschen kann **4**; sie ist der ganz einfachen Ausführung vorzuziehen. Da diese Schneidelade außerdem eine Klemmvorrichtung für das Werkstück besitzt, geht das Absägen mit der Rückensäge **5** recht gut.
Mehr – auch im Hinblick auf andere Leistenarbeiten – läßt sich mit der Gehrungssäge anfangen **6**.

Sie sollte mit zwei Schraubzwingen an den Tisch gespannt werden. Ein Längenanschlag macht das Anreißen der Klotzlänge überflüssig und bewirkt, daß mühelos alle Bausteine gleich lang werden. – 100 oder mehr Klötze anzufertigen, ist eine etwas einseitige Fitneßübung; das Sägeergebnis **7** kann sich dann allerdings sehen lassen! Mit der Schneidelade oder der Gehrungssäge erhält man einen in zwei Ebenen winkligen Schnitt und eine ebene Schnittfläche. Die Stirnfläche der Klötze nachzuarbeiten ist nämlich problematisch. Wenn man exakt gearbeitet hat, braucht man nur noch den Sägeschnitt etwas zu glätten **8**. Spannen Sie dafür Schleifpapier mit Schraubzwingen auf den Tisch, und fahren Sie mit dem satt aufgesetzten Klotz einige Male hin und her.
Sägefehler ausgleichen und die Stirnfläche wirklich glätten kann die Scheibenschleifmaschine **9**, deren Tisch und Anschlag allerdings exakt auf den 90°-Winkel eingestellt sein müssen. Professioneller geht es mit der stationär aufgebockten Handbandschleifmaschine **10**. Abgesehen davon, daß hier der anfallende Staub gleich abgesaugt wird, hat diese Maschine eine große Leistung. Sie kann auch erhebliche Sägefehler ausgleichen. Ist ihr Einsatz vorgesehen, so müssen Sie bereits beim Sägen daran denken, die Klötze einige Zehntelmillimeter länger zu lassen. Um wieviel genau? Am besten gleich ausprobieren, wenn Sie nur einige wenige Klötze zugeschnitten haben.
Mit der Handbandschleifmaschine können die Klötze auch rundherum feingeschliffen werden **11**, und mit einigem Geschick lassen sich hier auch gleich die scharfen Kanten brechen. Da ist aber die eine oder andere angeschliffene Fingerkuppe nicht unbedingt zu vermeiden, was bei Handarbeit mit dem Korkschleifklotz **12** nicht passieren kann.
Mit einem ungiftigen Wachs eingeriebene Bauklötze **13** – die stark saugenden Stirnflächen muß man zweimal behandeln – schmutzen weniger leicht. Sie werden griffiger, und die Holzmaserung tritt stärker hervor.

1 Stellen mit unschönen Ästen oder mit Fehlern werden herausgesägt

4 Schneidelade mit Pfiff: die zu sägenden Leisten können festgespannt werden

7 Am liebsten möchte man gleich anfangen zu bauen, aber es gibt noch einiges zu tun

2 Aus diesen drei 30 mm dicken Kiefernbrettern entstehen rund 40 Bauklötze

5 Die Wange verhindert, daß die Lade beim Sägen über den Tisch rutscht

8 Schleifen der Stirnseiten mit aufgespanntem Schleifpapier

3 Der Schreiner hat die Leisten gesägt und gehobelt: So wird kontrolliert, ob sie doppelt so breit wie dick sind

6 Verwenden Sie die Gehrungssäge mit Längenanschlag, so werden alle Klötze automatisch gleich lang

9 Schleifen mit der korrekt ausgerichteten Scheibenschleifmaschine. Sie wird von der Bohrmaschine angetrieben

10 Handbandschleifmaschine mit stationärer Einrichtung und Winkelanschlag

11 Alle Flächen können mit der Handbandschleifmaschine geschliffen werden.

12 Zum »Ecken brechen« von Hand legt man das Schleifpapier um den Korkklotz

13 Einwachsen der fertigen Klötze mit einem weichen Trikotlappen

Tannenbaum

Der Tannenbaum besteht hauptsächlich aus Fichtenholzleisten – sollten Sie nicht beim Materialkauf zufällig Tannenholz erwischen. Die Fichte heißt auch Rottanne, die Tanne dagegen ist stets die Blau- oder Weißtanne. Als Baum ist die Fichte die weniger attraktive Schwester. Die Weiß- und Blautannensorten mit ihren üppigen, auf der Unterseite silbrigen Nadeln werden dagegen als Ziergewächs und Christbaum bevorzugt. Beim Holz der beiden Bäume verhält es sich umgekehrt. Fichtenholz ist beliebter, weil es sich leichter verarbeiten läßt, Tannenholz ist eher spröde und platzt beim Nageln und Schrauben eher auf. Am billigsten kommen Sie zu den Leisten, wenn Sie einfache Dachlatten kaufen, die Sie sich vom Schreiner auf das gewünschte Maß 40 x 18 mm zurechthobeln lassen **1**. Die geringe Ausbeute darf Sie nicht erschrecken – Dachlatten sind nicht gerade aus Abfallholz, doch sie entstehen, wenn Bauholz gesägt wird. Obwohl Sie insgesamt nur etwa 3,60 m gute Leisten brauchen, müssen Sie etwa 5 m kaufen. Für den Tannenbaum brauchen Sie lauter kurze Stücke und können alle Äste dazwischen herausschneiden. Die ganze Länge von vornherein als astreine Leisten zu besorgen, wäre um ein Mehrfaches teurer.

Beim Zuschneiden gehen Sie am besten so vor, daß sie zuerst die langen Stücke (das längste ist 30,6 cm lang) zwischen den Ästen zu gewinnen suchen. Für die kurzen Stücke reicht das Material allemal. Was übrigbleibt, legen Sie beiseite – Sie werden immer wieder ein Stückchen Leiste brauchen können, sei es als Beilage beim Leimen oder Unterlage beim Bohren. Durch den stufenförmigen Aufbau des Baumes ergeben sich spezielle Leistenlängen.

Es wäre nicht genau genug, sie aus der Zeichnung zu übernehmen. Richtiger und besser ist es, alle Leisten 1,5–2 cm länger grob zuzuschneiden und dann zu bohren, damit sie auf den Stamm »aufgefädelt« werden können. Er besteht aus einem Dübelstab, wie es ihn im Baumarkt in Meterlängen zu kaufen gibt.

Wir brauchen zwei Bohrer – am besten Forstnerbohrer –, einen mit demselben Durchmesser wie der Dübel für die Bohrungen in Kugel und Fuß, und einen 1 mm größeren für die Bohrungen in den Leisten. Dabei müssen wir uns nach dem vorhandenen Sortiment der Dübel richten: entweder einen von 14 mm Durchmesser und Bohrer von 14 und 15 mm oder einen Dübel von 15 mm Durchmesser, zu dem Bohrer mit 15 und 16 mm passen.

Wenn mit dem größeren der beiden Bohrer alle Leisten in der Mitte durchbohrt sind, versäubern wir die Löcher auf der Unterseite der Leisten mit Schleifpapier und Korkklotz. Denn selbst wenn wir vorschriftsmäßig beim Bohren ein ebenes Holzstück unterlegt und die Leisten fest aufgedrückt haben, gibt es einen »Bart«, und der muß weg, damit die Leisten sauber aufeinanderliegen.

Jetzt können wir die Zweige des Tannenbaumes in der richtigen Reihenfolge auf den Stamm fädeln und – ausgehend von den Anrissen auf der kürzesten und an der längsten Leiste (gemäß der Zeichnung) – mit Lineal und Bleistift Linien ziehen, die auf jeder Leiste die Stelle markieren, an der wir sägen müssen **2**.

Etwas mehr Mühe macht der Fuß. Er besteht aus drei Leistenkreuzen, die wir durch Überplatten herstellen **3**. Wenn Sie sechs Leistenabschnitte nehmen, wie sie sind – nämlich viel zu lang –, haben Sie dabei den Vorteil, daß noch ein Überstand da ist, an dem Sie dieses Werkstück beim Sägen festhalten und beim Stemmen festspannen können.

Wenn Ihre Gehrungssäge mit Tiefenstellern ausgestattet ist, bringt das jetzt Vorteile. Legen Sie ein Brettchen von etwa halber Leistendicke (8-mm-Sperrholz) in die Säge,

1 Leisten, aus Dachlatten gehobelt, haben Äste – die schneiden wir weg

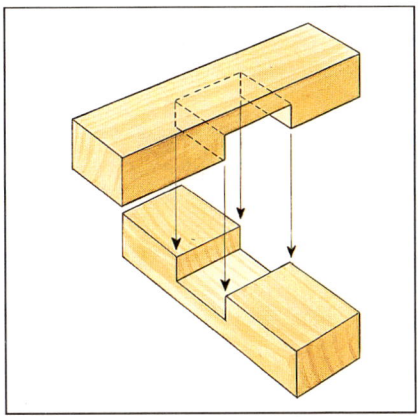

3 Diese Holzverbindung heißt Überplattung. So setzen wir die Fußkreuze zusammen

4 Sperrholzbrett als Einstellhilfe bringt die Gehrungssäge zum Einsägen der Überplattung auf die richtige Höhe

5 Mit vielen parallelen Einzelschnitten wird die Überplattung vorgesägt

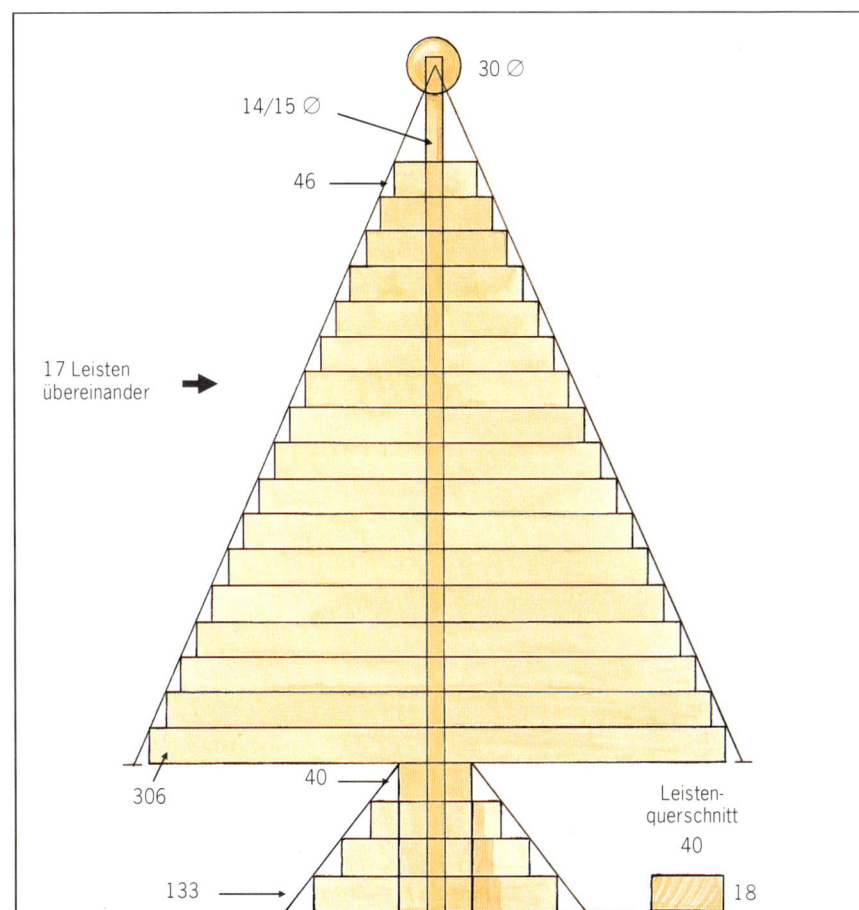

2 Aus der Zeichnung können Sie die wichtigsten Maße für den Tannenbaum ablesen

6 Das Ausstemmen der Überplattung geht ganz leicht

7 Verschieden große Kreuze und ein Klötzchen für den Baumständer

und setzen Sie das Sägeblatt auf diese Beilage auf. Stellen Sie den Tiefensteller auf seinen Anschlag **4** und fixieren Sie ihn mit der Stellschraube. Die Vorrichtung gibt es an der Säge zweimal, und natürlich richten wir beide Tiefensteller ein.

Wenn wir mit der Säge Schnitt neben Schnitt kammförmig einsägen **5**, wird das Ausstemmen der Überplattung ungemein erleichtert **6**.

Wenn wir genau gearbeitet haben, lassen sich probeweise drei Kreuze zusammenstecken **7**, deren Teile danach entsprechend dem Zeichnungsmaß beidseitig abgesägt werden.

Zum Aufeinanderleimen der Kreuze und des 40 x 40 mm großen oberen Abschlußstücks brauchen Sie eine Schraubzwinge und ein ebenes Unterlegholz **8**. Nehmen Sie nur ganz wenig Leim, und reiben Sie jedes zugefügte Kreuz etwas an, sonst verrutschen die Kreuze beim Ansetzen der Zwinge gegeneinander! Nach angemessener Trocknungszeit (mindestens 1 Std.) können Sie mit dem kleineren der beiden Bohrer das Loch für den Stamm arbeiten **9**. Die gesägten Enden der Kreuz- und der Zweigleisten versäubern Sie mit Schleifpapier.

Nun fehlt noch die Kugel für die Baumspitze. Die 30-mm-Holzkugeln aus dem Heimwerkermarkt sind meist dünn durchbohrt, was hier stört. Schnitzen Sie aus einem Stückchen dünnen Dübels einen konischen Stopfen **10**, und klopfen Sie ihn – unter Zugabe eines Leimtropfens – in die unerwünschte Bohrung. Nach einiger Zeit des Trocknens den überstehenden Dübel absägen und mit Schleifpapier einebnen; so ist nicht mehr oder kaum noch zu sehen, daß hier geflickt wurde.

Die Kugel muß ein 1–1,5 cm tiefes Bohrloch bekommen, damit sie auf den Stamm gesteckt werden kann. Wie beim Fuß arbeiten Sie mit dem kleineren der beiden Bohrer. Halten Sie die Kugel dabei keinesfalls mit zwei Fingern fest, das würde mit hoher Wahrscheinlichkeit zu einem schlimmen Unfall führen! Einfach, aber nicht sehr gut ist es, die Kugel mit einer großen Wasserpumpenzange zu halten. Besser eignet sich eine Vorrichtung, die Sie öfter bei Kugeln zum Bohren verwenden können. In zwei Leisten arbeiten Sie je ein großes Loch (etwa 20 mm für die 30-mm-Kugel). Dann – da werden Sie dankbar für eine Helferin oder einen Helfer sein – zwei Zwingen so ansetzen, daß die in den Bohrungen ruhende Kugel festgeklemmt ist. Jetzt können Sie gefahrlos werken **11**! Der Vorteil dieser Methode liegt darin, daß die Kugel durch das Einspannen in keiner Weise beschädigt wird. Nun können Sie den Tannenbaum zusammenstecken. Wenn Sie eine schmutzabweisende Oberfläche möchten, behandeln Sie sie mit Wachs.

8 Zum Aufeinanderleimen der Kreuze braucht man eine völlig plane Unterlegplatte

10 Das unerwünschte Loch in der Kugel mit angespitztem Stopfen verschließen

9 Um das Loch für den Stamm zu bohren, kann man den Tannenbaumfuß mit der einen Hand festhalten

11 Zum Bohren die Kugel zwischen zwei Leisten spannen, die zuvor durchbohrt wurden – so können Sie sich nicht verletzen!

Aus Brettchen und Klötzen

Lastwagen

Der Lastwagen ist so weit stilisiert, daß er sich einfach nachbauen läßt. Weil er aber aus sehr vielen Teilen besteht, ist sein Aufbau nicht auf einen Blick zu durchschauen. Deshalb haben wir die Einzelteile in der Übersichtszeichnung und in der Stückliste mit A bis R gekennzeichnet. Von einem Kiefernbrett, 120 x 20 mm, sägen wir die Teile **A**, **B** und **C** (Grundbrett, Rück- und Spritzwand) ab. Der Motorblock **D** besteht aus drei miteinander verleimten Stücken aus demselben Material, die auf 75 x 55 mm zugeschnitten werden **1**. Solange der Block noch eckig ist, bohren Sie links und rechts mit einem 8-mm-Bohrer je ein 1 cm tiefes Loch für die Scheinwerfer. Dann runden Sie den Block oben an den zwei Längsseiten ab. Um nicht zuviel schleifen zu müssen **2**, spalten Sie zuerst die Ecken weg **3**.
Wenn Sie jetzt das Dach des Führerhauses **F** und die Türen **E** aus dem 12-mm-Kiefernholz **4** ausgesägt und das Dach vorn abgeschrägt haben, können sie diese Teile ohne Leim probeweise zusammenspannen **5**. In diesem Stadium sollten Sie die Windschutzscheibe **Q** einwandfrei einpassen. Wenn nämlich die Holzteile auch nur kleine Differenzen in Maßen oder Winkel aufweisen, muß die Plexiglasscheibe geringfügig größer oder kleiner sein. Plexiglas – bei Spezialverarbeitern oder Leuchtreklamenherstellern zu bekommen – läßt sich mit der Stichsäge zuschneiden und mit der Scheibenschleifmaschine auf Fasson bringen. In beiden Fällen ist es empfehlenswert, die Maschinen auf niedrige Geschwindigkeiten einzustellen, weil Plexiglas bei Erwärmung fließt und schmiert. Die Scheibe nur durch Kleben zu befestigen, ist recht unsicher; deshalb wurde sie gedübelt. Mit einem 3-mm-Bohrer haben wir einige Millimeter tief in die Kanten gebohrt **6**; in diese Löcher stecken wir passend abgezwickte Nagelstümpfe bis zur Hälfte, die andere Hälfte kommt in die entsprechenden Bohrungen im Holz (Spritzwand und Dach des Führerhauses).
Beim ersten Zusammenleimen beginnen Sie mit der Wand des Führerhauses, die auf dem Grundbrett befestigt wird; mit einem Bleistiftstrich (winklig) bestimmt man die Lage. Es folgen die Türen (nur andrücken) und die Spritzwand, die mit einem geraden Beilageholz angedrückt wird, weil sie sehr kurz ist **5**.
Ist der Leim trocken, kann es gleich weitergehen: mit zwei Zwingen den Motorblock nach unten und hinten pressen (dabei Vorsicht, Zwinge nur leicht ansetzen, die Spritzwand ist unstabil), das Dach aufleimen (mit Beilage) und nicht vergessen, die Windschutzscheibe einzupassen **7**. Als nächstes richten wir die Leisten **G** zu, die den Aufbau auf die richtige Höhe bringen, und leimen sie nach Anrissen auf **8**.

Für die Scheinwerfer müssen Sie an zwei 25-mm-Holzkugeln **P** Flächen anschleifen. Drehen Sie dazu eine lange 6-mm-Holzschraube in die ohnehin vorhandenen Löcher der Kugeln. So haben Sie einen Handgriff **9**. Der Winkelanschlag verhindert Ausrutscher. Ohne diese Vorbereitungen läßt sich der Arbeitsgang nicht ohne Unfallgefahr durchführen! Kugeln zu bohren und unerwünschte Bohrungen zu verschließen wurde schon ausführlich beim »Tannenbaum« (s. S. 36 ff.) gezeigt. Leimen Sie die Scheinwerfer so in die Bohrungen des Motorblockes ein, daß die angeschliffenen Flächen senkrecht stehen **10**. Anschließend können Sie die (Blattfederpaketen nachempfundenen) Lager **O** aufleimen. Der Aufbau ist variabel. Unser Vorschlag ist ein geschlossenes Transportfahrzeug. Sie können ihn ohne weiteres abändern – halb so hoch und ohne Dach stellt er zum Beispiel einen Pritschenwagen dar. Wenn Sie ihn an der hintersten Leiste mit Scharnieren befestigen, entsteht ein Kipper.
Vor dem Verleimen werden das Dach, der Boden, die Seitenwände und die Vorderwand an ihrer Wageninnenseite geschliffen, die Heckklappe **K** beidseitig. Für die Anfertigung dieses Aufbaus brauchen Sie sehr viele nicht zu große (wegen des Gewichts) Zwingen. Leichter tun Sie sich, wenn Sie die Teile leimen und nageln; die Nägel dann versenken und auskitten. Leimen Sie zuerst einen Rahmen aus Seitenwänden **I**, Vorderwand **K** und Heckklappe **K**, wobei Sie die Heckklappe ohne Leim einfügen und Papierstreifen in Postkartendicke beilegen, das ergibt später die nötigen seitlichen Zwischenräume. Das Ganze müssen Sie sauber mit dem Winkel maßarbeiten (s. S. 53 ff. »Clownstuhl«). Kontrolle ist durch probeweises Auflegen des Daches **L** möglich.
Leimen Sie dann Boden und Dach auf. Die Heckklappe können Sie jetzt herausnehmen – oder herauswuchten, wenn sie sehr passend zugeschnitten war. Hat sie sehr stramm gesessen, sollten Sie sie etwas kleiner schleifen. Damit sie sich nicht verzieht, bekommt sie zwei Leistchen **M** auf-

1 Vier Teile sägen wir von einer Leiste 120 x 20 mm ab

4 Diese Teile sägen wir aus Leisten von 120 x 12 mm

7 Beim zweiten Leimgang wird die Fahrerkabine fertig und der Motorblock eingesetzt

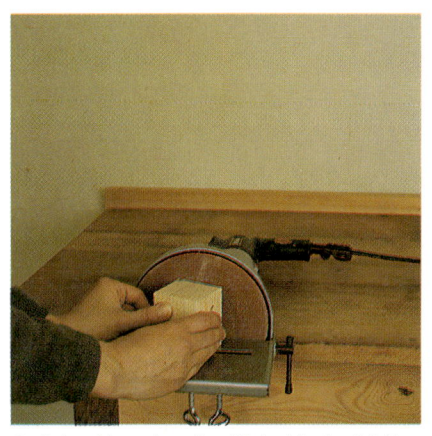

2 Beim Abrunden des Motorblocks ist Vorsicht geboten, damit man nicht abrutscht

5 Erste Probespannung mit der noch nicht vollständigen Fahrerkabine

8 Dritter Leimgang – Plazierung der Leisten für den Aufbau

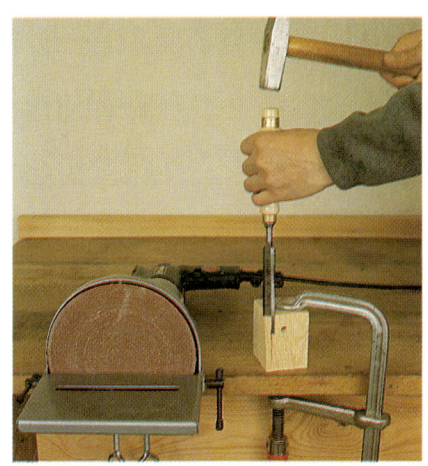

3 Wenn Sie eine Ecke des Motorblocks abspalten, ist weniger zu schleifen

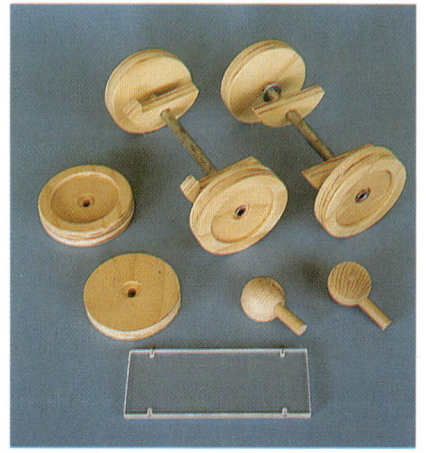

6 Räder, Federn, Scheinwerfer und Windschutzscheibe mit Dübelbohrungen

9 Kugel für einen Scheinwerfer abschleifen – da muß auf Sicherheit geachtet werden!

geleimt, die oben überstehen; das ergibt den Anschlag.

Die Scharniere **R** haben wir sichtbar aufgeschraubt. Zum einen ist das am einfachsten, und zum anderen sollen die Kinder ihre Funktion verstehen, was so am leichtesten möglich ist. Scharniere haben meist kleine, unzureichend gesenkte Bohrungen. Bei unserer Montageart können wir verhältnismäßig dicke Holzschräubchen mit Halbrundkopf oder Spaxschrauben (mit 3 mm Durchmesser, 12 mm lang) eindrehen.

Jetzt schleifen wir die Teile außen rundherum, wobei auch Dach und Boden bündig werden – wie beim Fachmann! Eine Verriegelung der Heckklappe ist nicht vorgesehen, sie hält auch so.

Das Aufleimen des Aufbaus auf die Trageleisten muß mit Beilagen geschehen, damit die Zwingen nicht das dünne Dach eindrücken.

Räder und Achsen wurden bereits für das Ziehtier (s. S. 28 ff.) verwendet. Die LKW-Räder sehen interessanter aus, wenn man Radkränze aus 4-mm-Sperrholz aufleimt und die Naben versenkt. Schwierig ist keines von beiden, nur müssen Sie die beschriebene Reihenfolge der Arbeitsgänge einhalten: Alle Radmaße sind nur ungefähre Angaben, denn sie resultieren aus den Möglichkeiten der Zylindersägen **11**, von denen unterschiedliche Modelle im Handel erhältlich sind.

Zuerst bohren Sie die Nabensenkung mit einem 14- oder 16-mm-Forstnerbohrer. Legen Sie die Tiefe (1–2 mm) nach Gefühl fest, der Tiefensteller müßte für jedes Rad neu eingestellt werden, und das lohnt sich kaum. Werkstück, Unterlage und Maschine sind zusammen an den Arbeitstisch gespannt, und das muß so bleiben, bis das Rad fertig ist **12**! Wechseln Sie jetzt den Bohrer gegen die Zylindersäge aus, und reduzieren Sie – wenn möglich – die Drehzahl der Bohrmaschine. Sägen Sie (besonders bei dickeren Werkstücken) nicht auf einmal ganz durch, sondern heben Sie die Säge mehrfach aus, damit die Späne aus dem Schnitt geholt werden können **13**. Bevor das Material ganz durchgesägt ist, können Sie die Führungsbohrung mit

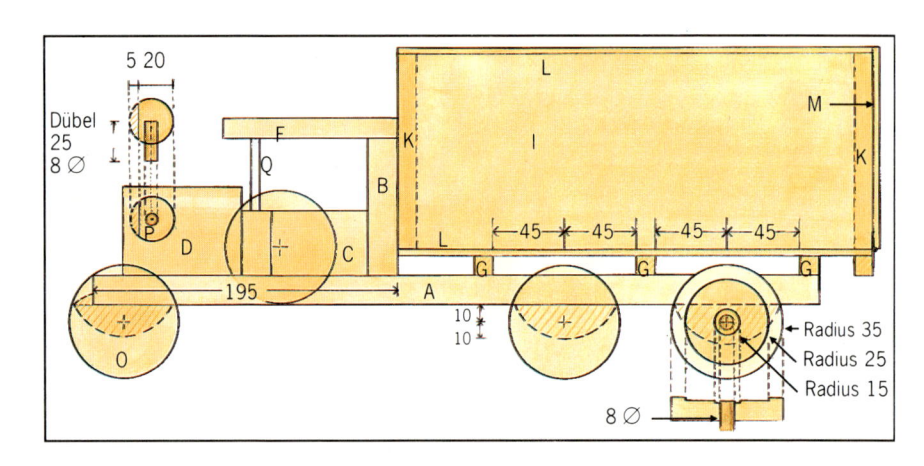

Nr.	Bezeichnung	Stück	Länge	Breite	Dicke	Bemerkungen
LKW-Stückliste (Maße in mm)						
Kiefernholz 20 mm						
A	Grundbrett (»Fahrzeugrahmen«)	1	460	120	20	
B	Hinterwand Führerhaus	1	85	120	20	
C	Spritzwand	1	40	120	20	
D	Motorblock	3	75	55	20	verleimt zu ca. 60 mm Dicke
Kiefernholz 12 mm						
E	Türen	2	60	40	12	werden eingeleimt, nicht zu öffnen
F	Dach Führerhaus	1	110	120	12	
G	Trageleisten für Aufbau	3	150	12	12	
H	Verstärkungsleiste	1	160	12	12	
I	Seitenwände Aufbau	2	275	120	12	
K	Vorderwand/Klappe Aufbau	2	136	120	12	
Kiefernsperrholz 4 mm						
L	Dach/Boden Aufbau	2	275	160	4	
M	Anschlagleisten	2	124	10	4	auf Heckklappe leimen
N	für Radkränze	1	320	160	4	Ringe sägen, auf Räder aufleimen
Kiefernsperrholz 10 mm						
O	für Räder und »Federn«	1	470	160	10	Formen nach Zeichnung
Ergänzende Materialien						
P	Holzkugel für Scheinwerfer	2	25 mm Durchmesser			
	Dübel	2	25/8 mm Durchmesser			
Q	Plexiglas Windschutzscheibe	1	115	45	6	
R	Scharniere	2	ca. 30			
	Nägel und Schrauben nach Text					

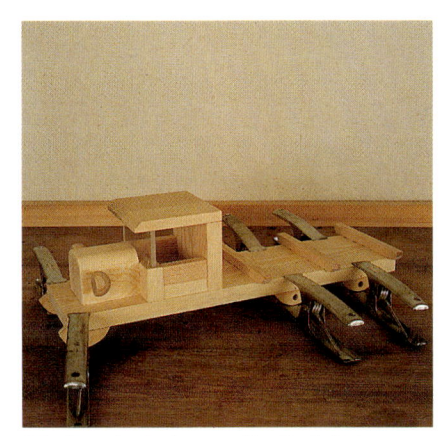

10 Erneuter Leimgang für die Achslager

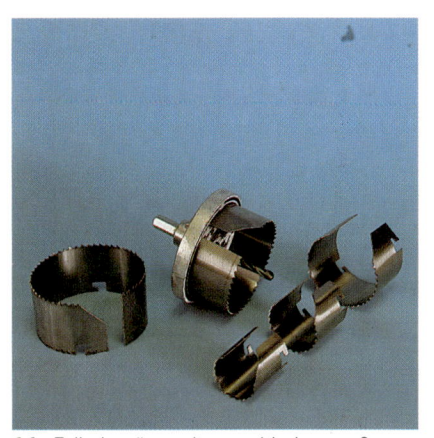

11 Zylindersäge mit verschieden großen Sägeringen für die Räder

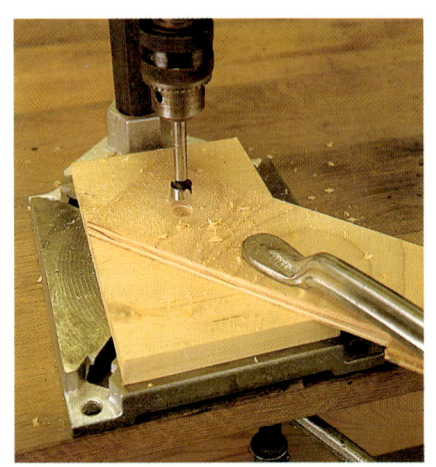

12 Einmal aufspannen, mehrmals bohren und sägen: Nabenbohrung der Räder

13 Die Zylindersäge sollten Sie zur Entfernung der Bohrspäne einige Male ausheben

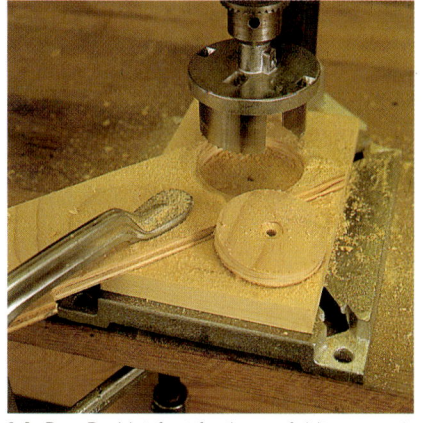

14 Das Rad ist fast fertig, es fehlt nur noch der Radkranz

8 mm und langsamer Drehzahl aufbohren: das wird sehr genau und erspart einen zusätzlichen Arbeitsgang (s. S. 28 ff. »Nachziehkatze«). Sie dürfen nur nicht zu tief in die Unterlage bohren, sonst hat der dünnere Bohrer keine Führung mehr!
Wenn der Schnitt ganz vollzogen ist, das Rad aber nicht von alleine herausfällt **14**, spannen Sie die Säge aus und hebeln vorsichtig mit einem Schraubendreher hinter dem Rad – mal links, mal rechts vom Bohrer.
Für die Radkränze **N** nehmen Sie einen kleineren Sägering. Schneiden Sie aus dem 4-mm-Sperrholz eine Scheibe aus, die hier Abfall ist. Wechseln Sie jetzt den Sägering gegen den zum Ausschneiden der Räder schon gebrauchten aus, und sägen Sie damit durch. Es entsteht der gewünschte Ring, der außen den gleichen Durchmesser wie die Räder hat.
Nicht vergessen: Sie brauchen sieben Räder, denn was wäre ein LKW ohne Reserverad! Das wird zuletzt einfach mit zwei Leimpunkten auf Spritzwand – und Grundbrettkanten **I** geklebt.
Für das Vernieten der Räder (s. S. 44 »Rennwagen«) am zweiten Achsenende, wenn der komplette Lastwagen dranhängt, brauchen Sie Hilfe. Die Achse muß möglichst senkrecht auf dem Amboß stehen, damit sie nicht krumm wird.
Wenn wir schönes Kiefernholz zur Verfügung haben, bietet es sich natürlich an, den Wagen mit Klarlack zu streichen.

Rennwagen

Das Rennauto ist so schnell zu bauen, daß das Trocknen der Farbe länger dauert, als die Gesamtherstellung! Ausgangsmaterial ist ein Kantholz von 50 x 50 mm. Das gibt es in Heimwerkermärkten gehobelt oder roh. Beim Zimmerer oder beim Schreiner lehnen Stücke dieses Materials oft in einer Ecke, und man bekommt sie recht preiswert.
Zuerst suchen wir zwischen den – leider unvermeidlichen – Ästen ein gutes Stück (oder einige gute Stücke, denn zu einem Autorennen gehören natürlich mehrere Wagen) ohne Risse und mit möglichst kleinen Ästen **1**.
Unser Rennwagen wird 22 cm lang: Dementsprechend sägen wir das Kantholz zu. Das geht mit der Gehrungssäge, die auch drei der vier Abschrägungen machen kann. Die Stichsäge ist ebenfalls einzusetzen, denn mit ihr können alle Sägearbeiten ausgeführt werden, das Cockpit, die Nut für die Windschutzscheibe und die flache, stromlinienförmige Nase.
Ist das Kantholz roh, dann schleifen wir es auf allen vier Seiten mit der Handbandschleifmaschine oder der Scheibenschleifmaschine. Ist der Holzquerschnitt nicht winklig (Kanthölzer trocknen oft rautenförmig ein), dann können wir das durch leichte einseitige Belastung des Bandschleifers annähernd ausgleichen. Ganz genau braucht das Ergebnis nicht zu werden, da leichte Winkelfehler nicht zu sehen sind.
Das Nachschleifen der Schrägen geht mit der Scheibenschleifmaschine besser als mit dem Bandschleifer. Nacharbeiten im Cockpitbereich müssen wir mit Feile und einem (scharfen!) Stemmeisen machen.

1 Hauptsächlich Bandschleifer und Stichsäge werden für die Karosserie gebraucht

2 Mit einem dicken Körner dornt man die Achsröhrchen auf

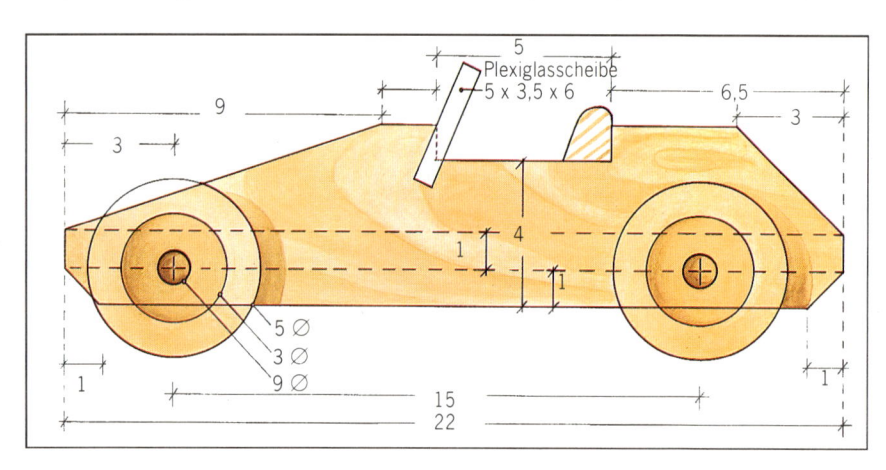

3 Es empfiehlt sich, vor dem Lackieren eine Probemontage zu machen

Weihnachtsengel

Zwischendurch setzen wir die Windschutzscheibe aus Plexiglas ein, über dessen Bearbeitung beim »Lastwagen« (s. S. 40 ff.) alles Notwendige gesagt wurde. Die Windschutzscheibe muß stramm – aber ohne Gewaltanwendung – in die schräge Nut passen, in die sie zuletzt, wenn die Farbe trocken ist, mit Alleskleber eingeklebt wird. Die Maße der Windschutzscheibe sind etwa 50 x 35 x 6 mm, wobei das erste Maß variieren kann, wenn das Holz weniger oder mehr als 50 mm dick ist. Auch die Dicke von 6 mm ist nicht unbedingt bindend – wir könnten für eine etwas dünnere Scheibe die Nut enger sägen. Runden Sie mit einer feinen Feile die oberen Ecken der Scheibe gut ab, damit sich die Kinder daran nicht verletzen können.

Die Räder und ihre Achsen aus Stahlröhrchen 8 x 1 mm machen wir so, wie beim Ziehtier (s. S. 28 ff.) und beim Lastauto (s. S. 40 ff.). Rad und aufzuleimender Ring (mit 50 bzw. 30 mm Durchmesser) bestehen beide aus 12-mm-Sperrholz. Ist bei Ihrer Zylindersäge kein passender Einsatz für den Ringinnendurchmesser dabei, dann können Sie ein 24 mm dickes Rad aussägen und mit einem 30-mm-Forstnerbohrer 12 mm tief aufbohren. Wie Sie dabei das Rad festhalten, ist bei der »Nachziehkatze« beschrieben und im Bild gezeigt. Die Achsenröhrchen werden mit einem Körner aufgedornt **2**. Sie müssen aber schon einige kräftige Hammerschläge führen, damit das Röhrchen am Ende einen deutlich vergrößerten Durchmesser aufweist!

Foto **3** zeigt das Rennauto im Rohzustand, probeweise zum Teil zusammengesteckt. In die hintere Ecke des Cockpits gehört noch das Rückenpolster. Sie können ein Holzklötzchen bemalen, mit Stoff oder Leder überziehen oder das Polster aus Schaumstoff zuschneiden und einkleben. Bevorzugte Farben für Rennwagen sind Rot und Silber. Silberbronzen sind nicht immer wischfest, sie müßten mit Klarlack abgedeckt werden. Es gibt jedoch im KFZ-Zubehörhandel sogenannte Felgenlacke in Silber, die mit harter, matt glänzender Oberfläche auftrocknen. Fertig – das Auto ist startbereit.

Der Engel mit seinen geraden, strengen Formen ist leicht herzustellen. Den Hauptteil bildet der nichtgegliederte Körper, da man sich die Figur mit einem langen fließenden Gewand bekleidet vorstellen muß. Ein Klotz, 70 x 50 x 220 mm aus beliebigem Holz, rechtwinklig gesägt und allseits fein geschliffen – fertig ist der Körper.
Für Arme, Kopf und Gewandkragen eignet sich Sperrholz 28 mm, für die Haare – einfache Dreiecksformen **1** – solches von 24 mm Dicke. Da derartige kleine Mengen in den angegebenen Stärken kaum als Furnierplatte zu bekommen sind, verleimen wir die Teile aus 14 bzw. 12 mm dicken Sperrholzstückchen. Das Foto **2** zeigt, wie aus einem Rechteck beide Arme entstehen. Die Hände und die weiten Ärmel sägen Sie erst aus, wenn Sie die 15-mm-Bohrungen für die Kerzen ausgeführt haben.

Aber Achtung: nicht zu tief! Denn beim Aussägen der Halbrundungen der Hände dürfen die Bohrungen nicht angeschnitten werden! Die Reihenfolge der Arbeitsgänge ergibt sich daraus, daß die Arme in dem Stadium, das das Foto zeigt, beim Bohren noch satt aufliegen; wären sie bereits fertig ausgesägt, so müßte man freihändig arbeiten, was nicht empfehlenswert ist.
Alle Sperrholzteile des Engels arbeiten Sie am besten mit der Laubsägemaschine, der Dekupiersäge, die dann nur wenig rauhen Sägeflächen sind schnell geglättet. Sägen Sie Kopf und Gewandkragen zunächst in einem Stück aus, und trennen Sie die Teile entlang der Kinnlinie voneinander. Leimen Sie den Kopf so ein, daß er vorn gut 2 mm übersteht. Das läßt das Kinn markant hervortreten. Was jetzt hinten vom Kragen vorsteht, schleifen Sie ab.

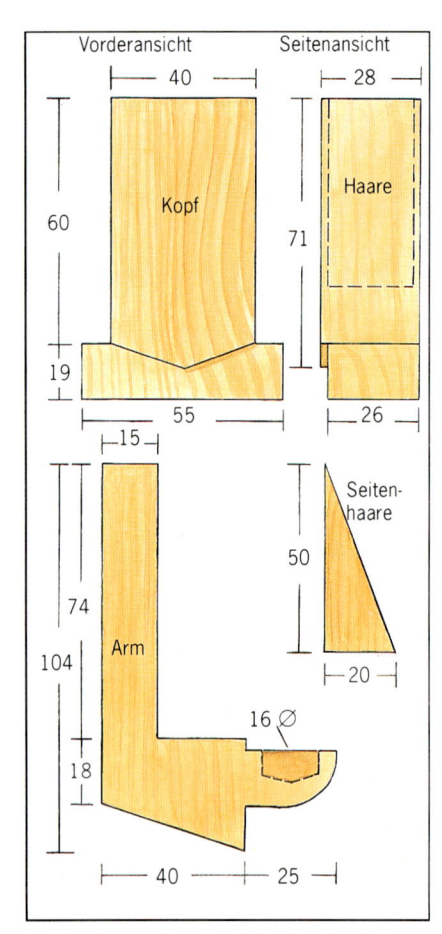

1 Hier finden Sie die Maße für Kopf, Haare und Arme des Weihnachtsengels. Der Körper ist ein Holzklotz von 70 x 50 x 220 mm

2 Die Arme werden aus einem Rechteck gesägt; Kopf und Gewandkragen trennt man an der Kinnlinie voneinander.

Als Kerzenhalter erhält die Figur keine Flügel, denn die Flammen kämen ihnen zu nahe. Wird der Engel jedoch als reine Raumdekoration verwendet, so verzichten Sie auf die Kerzenbohrungen in seinen Händen und bauen ihm Flügel. Sie sind mit einem Quersteg verbunden und dadurch stabil und leicht anzuleimen. Sägen Sie das dünne Sperrholz (4–6 mm) mit der Laubsäge oder der Dekupiersäge; für die breiten Schlitze in den Flügeln verwenden Sie die Stichsäge. Da ist eine regelbare Maschine vorteilhaft, denn eine für das dünne Material ausreichend langsame Hubfolge ergibt einen feineren Schnitt.

Die Einzelteile können mit wenigen Tropfen Leim aus der Spritzflasche verbunden werden; reiben Sie alles gut an, Spannen ist nicht notwendig.

Weiß – eine bevorzugte Farbe für Engelsgewänder – sollten Sie nur für die Flügel nehmen. Für das Kleid mischen Sie etwas Weiß mit ganz wenig Blau an, so daß eine zarte Pastellfarbe entsteht. Sie hebt sich gut gegen Gesicht und Hände ab, die einen nicht zu kräftigen Hautton bekommen. Eine andere Möglichkeit ist das Bemalen oder Bekleben des Kleides mit goldenen Sternen. Sie können auch die Flügel mit Gold- oder Silberbronze verschönern.

Schneemann

Wir alle haben schon mal einen Schneemann gebaut – auch wenn es schon länger her sein sollte! Aus dieser Erfahrung wissen wir, daß solch eine Figur kein exaktes Bildwerk ist, sondern ein bißchen schief und unsymmetrisch sein darf. Wenn Sie einen Schneemann aus Holz fertigen, der Sonne und Heizungsluft trotzt, dann besteht ein wesentlicher Teil der Arbeit im Abrunden, weit mehr, als Sie es aus den vorangegangenen Kapiteln kennen. Um nicht mehr Schleifstaub zu produzieren als unbedingt nötig, haben wir uns nach Lindenholzklötzchen **1** umgesehen. Dieser Werkstoff wird bevorzugt vom Holzschnitzer gewählt, und das nicht ohne Grund – es macht richtig Spaß, davon Späne abzuschälen!

Eine Schnitzausrüstung brauchen Sie nicht, nur ein Stemmeisen (Stecheisen) von mindestens 15–20 mm Breite. Scharf muß es sein! Vielleicht bringen Sie es zu Ihrem Schreiner und sagen ihm, daß Sie damit schnitzen wollen, dann gibt er sich beim Schärfen besondere Mühe.

Die Klötze können wir zum Teil **2** mit der Gehrungssäge aufs Maß oder schräg sägen, wenn wir sie mit einer Schraubzwinge an die Maschine spannen.

Ebenfalls mit einer Schraubzwinge spannen wir die Klötze auf den Tisch und stechen mit dem Stemmeisen Schrägen an, deren flache Ecken wir wieder abstechen, bis nicht mehr viel zu einer Rundung fehlt. Den Rest schleifen wir zunächst mit der Schleifmaschine so rund wie möglich und danach mit Schleifpapier. Man kann zwar auch eine Feile verwenden, doch nimmt sie nicht viel weg, und eine Raspel hinterläßt tiefe Spuren, deren Beseitigung viel Arbeit macht. Beim Andübeln der Schneemannfüße müssen wir auf gleiche Lochtiefen und Dübellängen achten, sonst wackelt die Figur (s. S. 30 f. »Nikolaus«). Beim Einkerben des Mundes kommt ein scharfes Taschenmesser zu Ehren, das sonst zum Schnitzen weniger geeignet ist, gerade auch im Hinblick auf die Unfallgefahr. Mit dem Stecheisen arbeitet man von sich weg, das ist bei allen Schnitzarbeiten dringend zu empfehlen!

Die Einzelteile werden zusammengeleimt; anreiben genügt, spannen ist nicht nötig. Wenn Sie die Arme nicht anleimen, sondern sie mit Dübeln drehbar befestigen, kann der Schneemann verschiedene Stellungen einnehmen. Lassen Sie ihn eventuell auch eine Kerze tragen, mit der er die Winternächte erleuchtet, indem Sie die Arme mit einem entsprechenden Bohrloch versehen.

Rein weiß ist ein Schneemann auch in der Natur nicht. Sie können der Farbe einen Tropfen (!) Schwarz oder etwas Blau beifügen, dann macht die Figur einen realistischen Eindruck!

1 *Nehmen Sie Lindenholz für den Schneemann, Kopf und Oberkörper müssen schräg angeschnitten werden*

2 *Schrägen, gerade Abschnitte und Längsschnitte macht die Gehrungssäge; eine Zwinge hält das Werkstück fest*

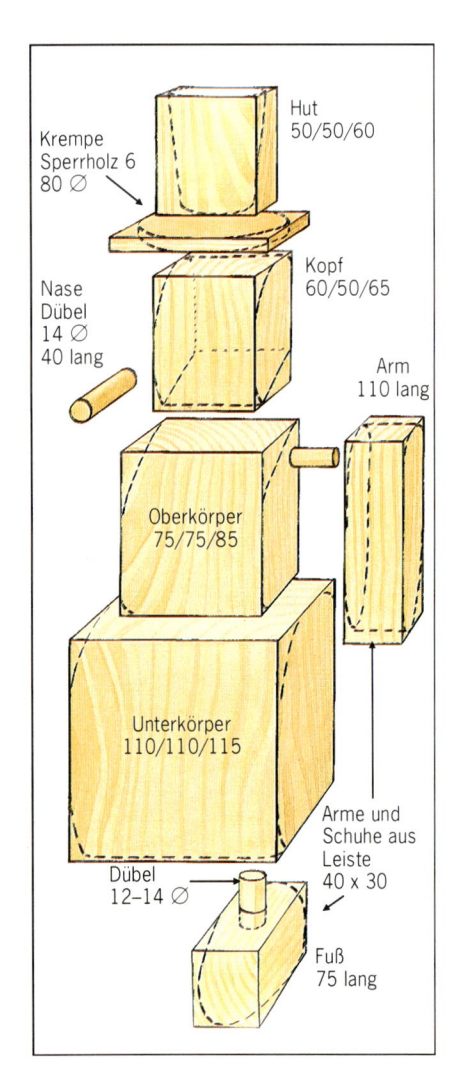

Hut 50/50/60
Krempe Sperrholz 6 80 Ø
Nase Dübel 14 Ø 40 lang
Kopf 60/50/65
Arm 110 lang
Oberkörper 75/75/85
Unterkörper 110/110/115
Arme und Schuhe aus Leiste 40 x 30
Dübel 12–14 Ø
Fuß 75 lang

Aus Tischlerplatten und Massivholz

Spielzeugkiste

Aufräumen gehört zu den von unseren Kindern am wenigsten geschätzten Tätigkeiten, und – seien wir ehrlich – auch wir Erwachsene haben damit ja gelegentlich unsere Probleme. Mit einer lustigen Spielzeugkiste sollte die lästige Notwendigkeit leichter von der Hand gehen. Um die Kiste selbst mühelos wegräumen zu können, schrauben Sie vier Möbelrollen drunter. Schließlich verwandeln Sie die Kiste in ein Schwein. Dazu gehört ein markanter Kopf mit witzig übertriebenem Rüssel und ein Ringelschwänzchen.

Die Kiste selbst fertigen Sie aus Tischlerplatten 16 mm **1**. Dieses Material ist ein Sperrholz, jedoch ganz anders aufgebaut als die Sperrhölzer, mit denen wir es bisher zu tun hatten. Diese Furnierplatten sind – worauf schon ihre Bezeichnung hindeutet – aus Furnieren aufgeschichtet. Die Tischlerplatte, genauer Leistenplatte, hat eine Mittellage aus miteinander verleimten Fichtenholzleisten, die praktisch ein Brett bilden. Quer dazu sind zwei dickere (meist 2 mm) Absperrfurniere aufgeleimt, die zuverlässig verhindern, daß das Brett, die Mittellage, krumm wird. Damit haben wir ein Material für größere Flächen, das außerdem leichter und billiger ist als Furnierplatten gleicher Dicke.

Der Einfachheit halber kaufen wir Tischlerplatten stets als Zuschnitt im Baumarkt oder beim Schreiner. Die Bestellung für die Spielzeugkiste entspricht der Stückliste. Bei allen Kistenkonstruktionen gibt es Maße, die von der Materialdicke beeinflußt werden. Hier ist die Länge des Bodens um zwei Materialdicken kürzer als die der Seitenteile. Stimmt nun die wirkliche Dicke des Sperrholzes nicht mit dem Nennmaß 16 mm überein (das ist fast die Regel), dann stehen die Seitenteile unschön über die Stirnseiten vor. Es ist auch nicht ganz einfach, die Teile so zusammenzufügen, daß die Kanten an ihren Verbindungsstellen überall einwandfrei bündig werden. Wenn Sie eine Kiste wollen, die aussieht, als hätte sie der Schreiner gemacht, dann können Sie nur so vorgehen, wie er es auch tun würde: von vornherein die aufgenagelten und geleimten Teile einige Zehntelmillimeter vorstehen lassen und sie nach dem Abbinden des Leims mit der Handschleifmaschine ebenschleifen. Nur dann sind keine Übergänge nach dem Spachteln und dem Lackieren zu sehen. Tischlerplatten erhalten Sie stets maschinengeschliffen, doch ist ihre Oberfläche etwas rauh. Wenn Sie sie glatt haben möchten, ist es ratsam nachzuschleifen, und zwar entweder mit der Hand oder mit dem Schwingschleifer **2**. Zunächst behandelt man allerdings nur die späteren Innenflächen, weil man sie und die Ecken in der fertigen Kiste nachträglich nur schlecht bearbeiten kann.

Leimen und Nageln einer Kiste – aufwendigere Verbindungen sind hier nicht nötig und auch nicht angebracht – erscheinen höchst einfach. Doch sind einige Dinge zu beachten: Schon erwähnt wurde, daß man aufgenagelte Stücke eher vor- als zurückstehen läßt. Die Nägel sollten stets etwas schräg **3** zueinander stehen, das gibt eine Verbindung, die dem sogenannten Schwalbenschwanz ähnelt. Damit kein Nagel seitlich herauskommt, ist es nötig, ihn genau in die Plattenmitte einzuschlagen. Wenn Sie sich nicht zutrauen, die 8 mm (Hälfte der Materialdicke 16) nach Augenmaß zu bestimmen, sollten Sie sich nicht scheuen, mit dem Bleistift die Nagellinie anzureißen. Wenn Sie nageln, müssen sie stets auf den letzten Hammerschlag verzichten. Er hinterläßt im – meist weichen – Furnier der Tischlerplatte häßliche Abdrücke, in denen auch kein Spachtel auf Dauer hält, weil sie so flach sind. Besser ist es, die Nägel Stück für Stück zu versenken, weshalb wir auch solche mit Stauchkopf **4** genommen haben. Dazu wird ein Senkstift auf den Nagelkopf gesetzt, den Sie mit einem gezielten Hammerschlag 1 mm unter die Holzfläche schlagen.

Alle Kanten der fertiggenagelten Kiste werden leicht gebrochen, wobei man den Schwingschleifer einsetzen kann, mit dem man auch die Oberflächen verbessern sollte. Dabei verschwinden die Spuren des gröberen Bandschliffs, die beim Ebenschleifen entstanden sind.

Die beiden Teile des Schweinekopfes sägen Sie mit der Stichsäge aus 20–30 mm

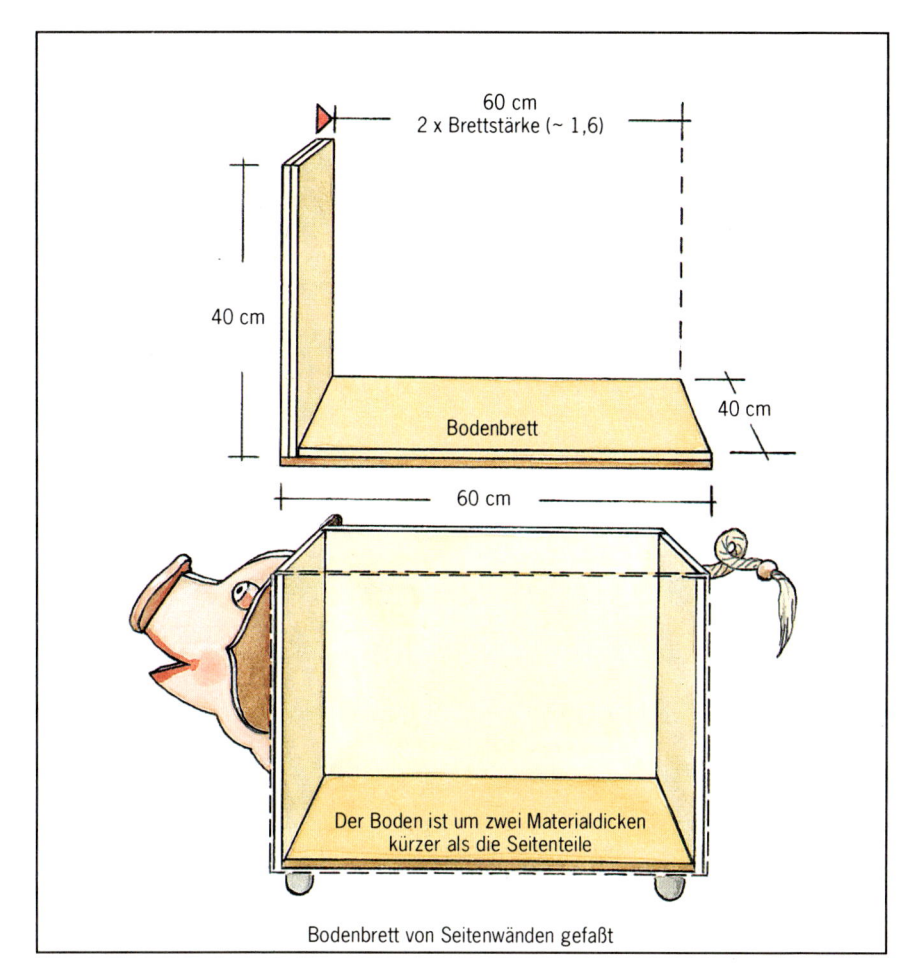

Stückliste

Tischlerplatte 16 mm		
2 Stück Seitenteile	60 cm lang	40 cm breit
2 Stück Stirnseiten	40 cm lang	40 cm breit
1 Stück Boden	56,8 cm lang	40 cm breit

1 Oben: Dreischichtplatte, Unten: Tischlerplatte

2 Der Schwingschleifer ist zum Nachschleifen von Flächen bestens geeignet

3 Die Nägel mit Stauchköpfen stehen schräg zueinander

dicken Brettstücken und bohren sie entsprechend dem Vorlagebogen. Das Abrunden der Kanten – mit Ausnahme der Paßkanten (siehe Vorlage) – machen Sie, wie bei den Fahrtieren mehrfach gezeigt. Die 65-mm-Kugeln für die Augen haben eventuell schon die passende Bohrung für den 20-mm-Dübelstab. Wenn Sie die Löcher selbst bohren müssen, dann sollten Sie nicht durchbohren, Sie ersparen sich das Kugeligschleifen der Dübelenden **5**.

Die Verbindung der Rüsselplatte mit dem Kopfteil muß sorgfältig und fest ausgeführt sein – sie ist später sehr starker Beanspruchung ausgesetzt. Am besten leimen Sie die Teile mit Hilfe einer Schraubzwinge **6,** wobei Sie den Keil unterlegen müssen, sonst ist die Zwinge nicht anzusetzen, denn so weit kann ihre Druckplatte nicht pendeln. (Bei billigen Zwingen pendelt die Platte oftmals kaum oder gar nicht). Wenn der Leim gut abgebunden hat – am sinn-

4 Mit dem Senkstift lassen sich die Stauchköpfe versenken

7 Dübel bohren wir in der Art des Schwalbenschwanzes, d. h. leicht schräg zueinander

5 Damit die Dübelenden kugelig geschliffen werden können, müssen sie etwas vorstehen

8 Die gekröpfte Feinsäge liegt flach auf dem Material auf

6 Das Werkstück ist konisch. Zum Ausgleich ist beim Leimen ein Keil beigelegt

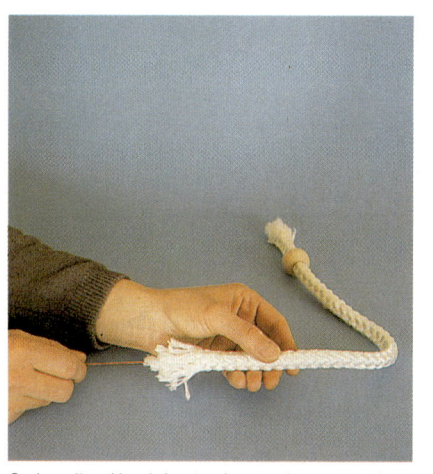

9 In die Kordel stecken wir nun einen Schweißdraht

vollsten über Nacht – setzen Sie zwei Dübel in die Verbindung, und zwar schräg zueinander wie beim Nageln **7, 8.** Auf der Abbildung ist gut zu sehen, wie die mehrfach erwähnte gekröpfte Feinsäge beim Absägen der Dübelüberstände flach auf dem Material aufliegt.

Das Ringelschwänzchen entsteht aus etwa 50 cm Kordel von 15 mm Durchmesser. Um ihr Ende zu sichern, leimen Sie eine passend durchbohrte 25-mm-Holzkugel auf. In vielen Baumärkten werden die Kunstfaserkordeln nicht abgeschnitten, sondern mit einem Glühdraht abgeschmolzen. Damit verhindert man, daß sich die Kordel aufdröselt. Ist sie jedoch abgeschnitten, dann ist das Einfädeln – einerseits in die Kugel, andererseits in ein Loch in der Kiste – fast unmöglich. Hier hilft nur gründliches Einstreichen mit Leim und anschließend eine ausreichend lange Trockenzeit.

Um einen Ringelschwanz formen zu können, ziehen wir durch die Mitte der Kordel einen 2-mm-Draht (als Schweißdraht beim Schlosser 1 m lang erhältlich) **9**, dessen eine Ende bis in die Kugel geführt wird, um Verletzungen zu vermeiden.

Schmelz- oder Leimabschluß der Kordel schneiden wir einige Zentimeter hinter der Kugel ab und verstrubbeln das Kordelende zum Pinselchen. Zudem leimen wir die Kordel in ein passendes Bohrloch der Kiste – aber erst nachdem diese lackiert ist – und schneiden den Überstand innen mit einem scharfen Messer ab.

Innen kleben wir eine runde Sperrholzscheibe oder eine halbe Holzkugel über Schwanzende und Bohrung.

Die Ohren sind – gemäß dem Vorlagebogen – aus Leder geschnitten, und werden mit kleinen Ziernägeln befestigt. Als Farbe für das Schweinchen kommt – wie könnte es anders sein – nur ein zartes Rosa in Frage. Es ist jedoch auch denkbar, besonders dann, wenn die Sperrholzteile der Kiste eine ansehnliche Struktur aufweisen, farblos zu lackieren. Dann müßten wir die versenkten Nägel allerdings nicht mit weißem oder grauem Malerkitt, sondern mit sogenanntem flüssigem Holz (in Döschen erhältlich) auskitten.

Clownstuhl

Dieser Stuhl stellt einen sitzenden Clown dar; die Kinder nehmen sozusagen auf dessen Schoß Platz. Sitzbrett und Zargen (die darunter befindlichen Leisten) ergeben zusammen die Oberschenkel des Clowns. Nur wenn Zargen und Sitzkante übergangslos eben sind, eine Fläche bilden und zusammen ebenso breit sind wie die Stuhlbeine (Unterschenkel) dick, dann ist die Illusion der Figur vollkommen **1**.

Wie jeder Holzstuhl hat auch dieser zwei hochbeanspruchte Verbindungen: die Befestigung der Beine an den Zargen und die der Zargen an der Rückwand, die die Funktion der sonst üblichen Hinterbeine übernimmt. Aus Erfahrung wissen Sie, daß ein Stuhl, der aus dem Leim gegangen ist, meist an diesen Stellen wackelt. Um dieses Problem so gut wie möglich zu lösen, haben wir uns einiges einfallen lassen: Die vorderen Stuhlbeine sind – vom Design her – vergleichsweise dick. Das gibt gute Leimflächen. Die Zargen machen wir ebenfalls unüblich stark, das verfolgt denselben Zweck. Der Sitz, sonst dünnes Sperrholz, hat hier selbst eine tragende Funktion. Die Rückwand aus einem Stück erspart Ihnen viel Arbeit und ist darüber hinaus außerordentlich stabil.

Um den Stuhl anzufertigen, müssen Sie nur vom Schreiner mit Hobelmaschine oder Kreissäge geschaffene Leimflächen aneinanderfügen und sich die erforderlichen Schraubzwingen besorgen. Die einzelnen Phasen der Verleimung sind fotografiert; es wäre nicht sinnvoll, auch nur eine der gezeigten Schraubzwingen einsparen zu wollen.

Für die Rückwand haben wir zwei Tischlerplatten – Zuschnitte 75 x 31 cm – jeweils 16 mm dick aufeinandergeleimt, wozu eine ganze Menge Zwingen erforderlich war. Auf S. 20 und 21 wird das Verleimen von Flächen ausführlich beschrieben – es lohnt sich, dort nochmals nachzuschauen. Ersparen können Sie sich diese Verleimarbeit, wenn Sie ein Stück Dreischichtplatte (s. S. 50 ff. »Spielzeugkiste«) bekommen. Solches Sperrholz gibt es erst seit einigen Jahren, es ist nicht billig und noch nicht überall im Verkaufssortiment.

Der Stuhlsitz besteht aus einer Tischlerplatte 32 x 32 cm, 16 mm dick. Die Vorderbeine, etwa 7 x 7 cm im Querschnitt, könnten wir aus Rahmen hobeln lassen, wie sie für Zimmerarbeiten gesägt werden. Die verziehen sich jedoch oder bekommen Risse – zumal wenn das Holz nicht trocken war. Wir haben die Beine aus drei Brettern selbst verleimt – ebenso die Schuhe, bei denen der Vorteil darin besteht, daß das Sägen der Schrägen mit der Stichsäge an den Einzelteilen leicht auszuführen ist **2**. Der Schreiner trägt zum Gelingen einiges bei: Diesmal reicht es nicht, ihn nur einmal aufzusuchen. Zunächst bestellen wir das Material (siehe Stückliste).

Wir verleimen Rückwand und Beine und sägen von den Schuhteilen Keile ab, deren Maße der Zeichnung zu entnehmen sind. Nun können wir auch die Schuhe leimen und nach dem Trocknen mit der Scheibenschleifmaschine beschleifen und alle Kanten leicht brechen.

Der Rückwand geben wir, nachdem der Leim getrocknet ist, mit der Stichsäge die Kopfform. Dabei wollen wir nicht »umdrehen« müssen; der Schnitt sollte außerdem so sauber sein, daß uns Nacharbeit mit der Feile erspart bleibt. Deshalb sägen wir zuerst die Einschnitte rechts und links, dann jeweils oben beginnend die beiden halben Rundungen **3**. Sollten die Schnitte nicht die genau gleichen Winkel haben (beim Ansetzen ist das so eine Sache), kann der Überzahn oben am Kopf des Clowns schnell und mühelos mit dem Handbandschleifer eingeebnet werden.

Jetzt kommt es darauf an, wie unser Rohling für die Beine geworden ist. Sind die drei Schichten an den Kanten schön eben und ist der Querschnitt genau quadratisch, dann genügt es, die Flächen (vorläufig nur die zwei, die später nach innen kommen) mit dem Bandschleifer zu verputzen. Ist das Leimen nicht so gut gelungen, dann soll uns der Schreiner nochmals rundherum hobeln (winklig und quadratisch). Ein Dickenverlust von 2–3 mm macht nichts, dadurch ändert sich nur die Länge der Zargen, und die sind ja noch nicht abgesägt. 40 cm – viel zu lang – haben wir den Roh-

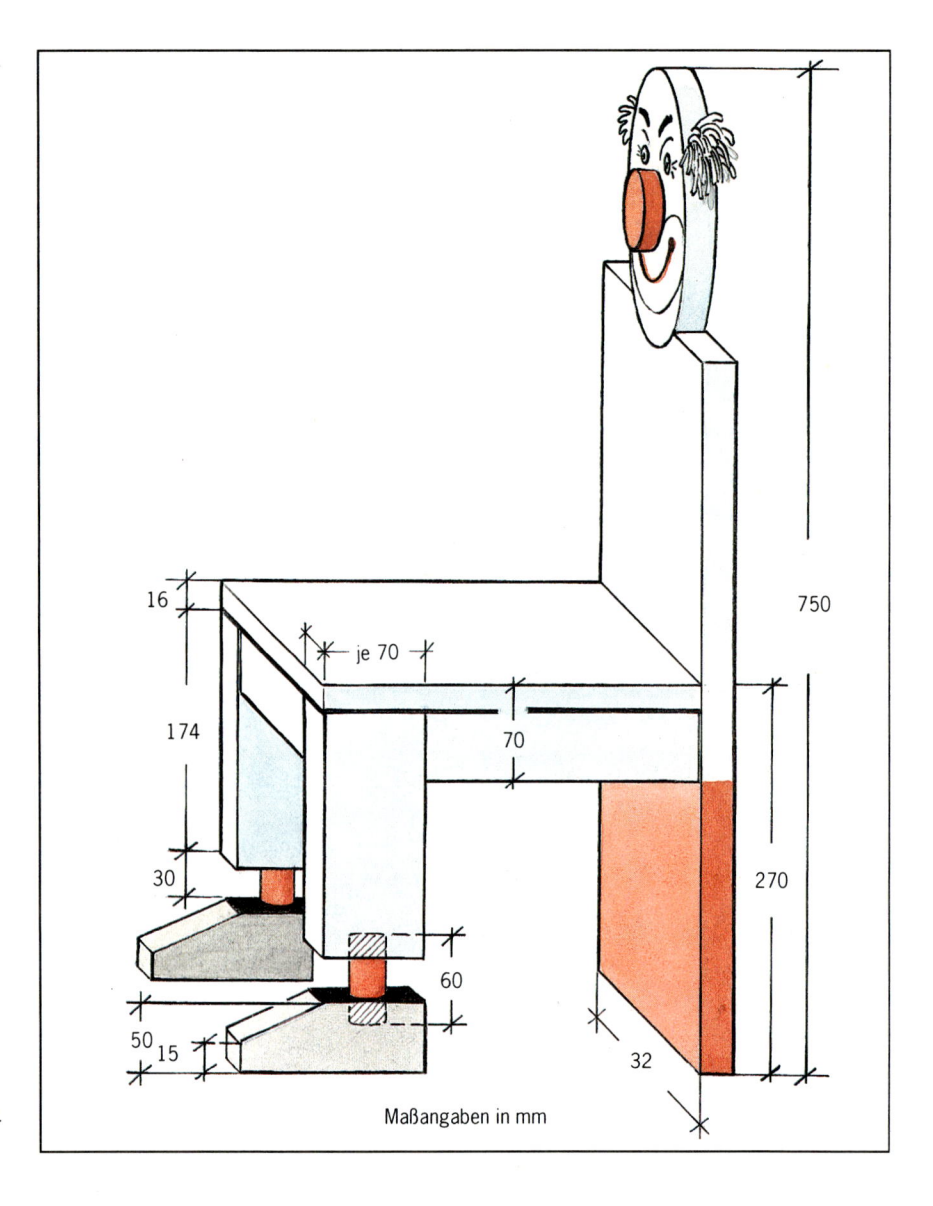

Maßangaben in mm

Stückliste	
Rückwand	2 Stück Tischlerplatte 16 mm, 75 x 32 cm oder 1 Stück Dreischichtplatte 32 mm, 75 x 32 cm
Sitz	1 Stück Tischlerplatte 16 mm, 32 x 32 cm
Stuhlbeine	2 Stück Leiste (Fichte oder Kiefer) 71 x 22 mm, 40 cm lang 1 Stück dito 71 x 27 mm, 40 cm lang
Zargen	1 Stück dito 27 bis 30 x 55 mm, 70 cm lang
Schuhe	4 Stück dito 50 x 22 mm, 13,5 cm lang
Beinteile	2 Stück Buchenholz-Rundstäbe, 40 mm Durchmesser, 6 cm lang:

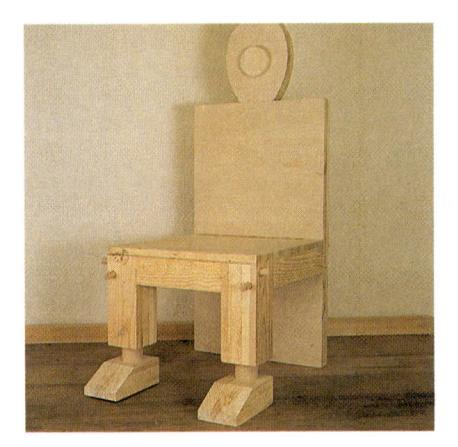

1 So sieht der Clownstuhl kurz vor der Fertigstellung aus

2 Die Massivteile des Stuhls unverleimt und verleimt

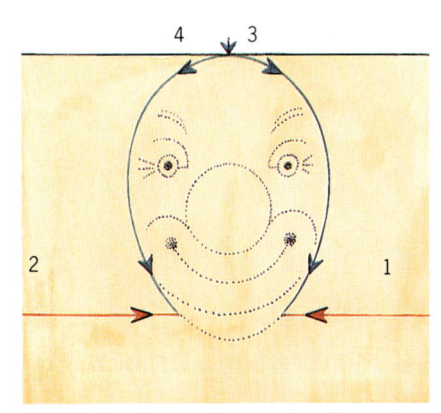

3 Wenn Sie beim Aussägen des Clownskopfes diese Reihenfolge wählen, gibt es kein »Umdrehen«

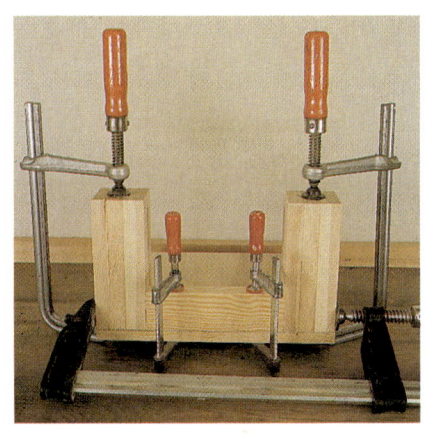

4 Erstes Leimen: Vorderbeine und Vorderzarge miteinander und mit dem Sitz verleimen

5 Verleimen der Seitenzargen mit Sitz und Vorderbein

6 Bei dieser Leimung ist unbedingt eine Stütz- und Maßleiste (hinten) nötig

fuß bemessen, damit der Schreiner beim eventuellen Nachhobeln keine Schwierigkeiten bekommt, denn Hobelmaschinen können nur Teile ab einer gewissen Mindestlänge sicher führen.

Danach sägt der Schreiner mit der Kreissäge das Holz auf die genaue Länge: zwei Stücke von je 17,4 cm.

Stellen wir jetzt die Beine in die beiden vorderen Ecken des Sitzes, können wir die Maße der Zargen bestimmen und gleich schneiden lassen. Ihre Längen sind die wichtigsten Maße am ganzen Stuhl! Sie können hier nicht angegeben werden; je nach Genauigkeit des Zuschnitts von Sitz und Beinen werden sie ein wenig kürzer oder länger ausfallen.

Die Vorderzarge muß einer Langholzkante der Sitzmittellage zugeordnet werden; zusammen mit den Beinen aufgestellt, darf die Zarge 1 mm zu lang sein. Unter Zwingendruck stimmt die Abmessung dann genau. Ebenso die Seitenzargen – auch sie dürfen hinten 0,5 mm über die Sitzkante hinausstehen.

Jetzt folgt die erste Phase des Leimens mit drei kleinen Zwingen, zwei à 25 cm und mit einer 40 cm großen **4** und **5**. Hier ist es kein Luxus, den Leim einige Stunden oder besser noch über Nacht abbinden zu lassen: Von dieser und den folgenden Leimungen hängt viel ab!

Bevor es mit Leimen weitergehen kann, bohren wir in Schuhe und Beine Löcher von 40 mm Durchmesser und von – genau! – 15 mm Tiefe für die Rundstäbe. Bohrtiefen und Rundstablängen müssen ganz genau stimmen, sonst erreichen wir nicht die angestrebte Sitzhöhe, oder unser Stuhl wird links und rechts ungleich hoch und wackelt.

Zum Bohren kommt nur ein Forstnerbohrer in Frage. Hoffentlich ist Ihr Bohrständer hoch genug, um das ganze Stuhlbein aufnehmen zu können; es ist nahezu aussichtslos, in das Hirnholz der Beine freihändig bohren zu wollen. Im Notfall muß der Schreiner mit der Langlochbohrmaschine helfen.

Um Beine, Rundstäbe, Schuhe und Sitz zusammenzuleimen bedarf es einer völlig ebenen Unterlage. Je nachdem, wie man die zwei Zwingen von mindestens 30 cm ansetzt, wird der Stuhlsitz waagerecht liegen oder nach oben oder unten zeigen. Spannen Sie deshalb erst mal trocken, also ohne Leim, und richten Sie sich als Hilfsmittel eine Leiste her. Deren Länge (theoretisch 270 – 16 = 254 mm) muß ganz genau sein, so daß die Sitzhöhe hinten bei untergestellter Leiste **6** gleich ist mit der Höhe vorne bei angezogenen Zwingen! Richten Sie jetzt die Schuhe winklig zum Sitz aus (dazu Zwingen lockern), und legen Sie sie mit zwei kleinen Zwingen fest. Nun können Sie die großen Zwingen entfernen und den Stuhl aus den Schuhen herausnehmen. Spachteln Sie alle vier Bohrungen mit Leim aus, und stecken Sie die Teile wieder zusammen. Hebt der Sitz hinten von der Maß- und Stützleiste ab, müssen die Zwingenteller weiter nach hinten (nur einige Millimeter!).

Ob Sie gleich weiterleimen können, hängt davon ab, ob die Enden der seitlichen Zargen wirklich mit der Hinterkante des Sitzes bündig abschließen. Wenn nicht, sollten Sie vom Schreiner einen Schnitt mit der Kreissäge machen lassen, der fast nichts abnimmt, aber Zargen wie Sitzkante gleichermaßen streift und so eine ebene, zur Sitzfläche winklige Leimfläche schafft.

Nun folgt die letzte Leimung, bei der die Rückwand angebracht wird. Wie Sie sehen, sind wieder alle Zwingen dran; sie helfen mehr als sie hindern, der Stuhl kann nicht «durchgehen» und nicht umfallen. Die Ecke, die von Lehne und Sitz gebildet wird, müssen Sie mit dem Winkelmaß kontrollieren **7**. Durch gefühlvolles Höheroder Tiefersetzen der Zwinge (hinten am Stuhl) läßt sich der genaue Winkel – auf beiden Seiten – einstellen.

Wenn Sie auch alles wie beschrieben noch so sorgfältig unter Druck verleimt haben, kann das allein den Stuhl auf Dauer nicht zusammenhalten. Bei allen Kontakten – mit Ausnahme der Verbindung Sitzhinterkante und Rückenlehne – trifft Hirnholz auf Langholz. Solche Verbindungen bedürfen der Unterstützung durch Dübel oder Zapfen. Alle handwerklich oder industriell her-

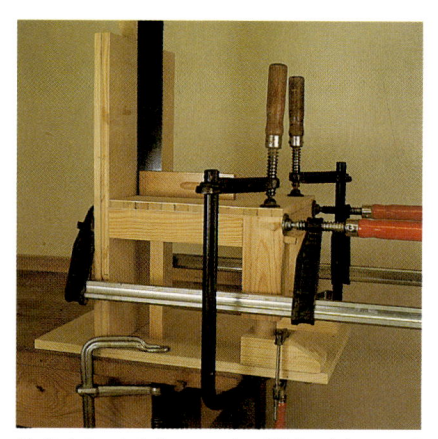

7 Bei der Anbringung der Rückenlehne muß der Winkel unbedingt stimmen

8 Versetzte Plazierung der Dübel an den Vorderbeinen

9 Hinten die Dübel untereinander plazieren und leicht schräg zueinander bohren

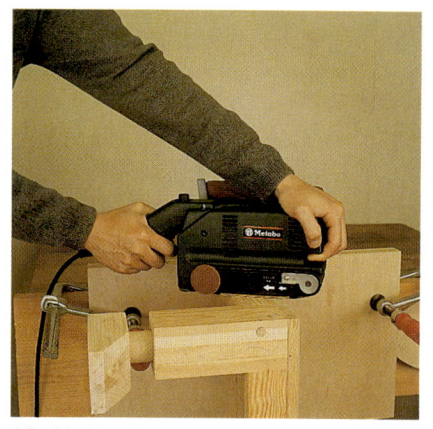

10 Die Handbandschleifmaschine macht die Flächen eben

gestellten Stühle haben sie – natürlich verdeckt. Das hätte aber die Arbeit sehr viel schwieriger gemacht, unsere Dübel sind deshalb nicht verdeckt.

An den vorderen Ecken begnügen wir uns mit einem pro Zarge **8**. Wir brauchen einen langen Holzspiralbohrer, 12 mm, und bohren – freihändig – so, daß die Dübelenden einander nicht buchstäblich in die Quere kommen und das Bohrloch die Zarge möglichst mittig trifft. Die Bohrtiefe beträgt 11–12 cm.

Blasen oder saugen Sie die Bohrspäne aus den Löchern, und spachteln Sie diese mit einem in Leim getauchten Schaschlikspieß so aus, daß die Wände gut beleimt sind. Geriffelte Dübel sind hier besser geeignet als glatte, weil durch ihre Riefen Leimüberschuß aufsteigen und nach außen austreten kann, der sich beim glatten Dübel im Bohrloch sammeln und sein völliges Einschlagen verhindern würde. Hinten am Stuhl ist Platz für zwei Dübel, die wir schräg, also schwalbenschwanzähnlich anordnen **9**.

Nach dem Absägen der Dübelüberstände mit der gekröpften Feinsäge schleifen wir Vorder- und Seitenflächen des Stuhls und die geraden Seitenkanten der Rückwand mit dem Handbandschleifer **10**. Zum feinen Nacharbeiten nehmen Sie den Schwingschleifer – er hilft auch beim Kantenbrechen –, damit schafft man gute Voraussetzungen für den Anstrich. Zwischen den

Bärenschaukel

Schleifgängen sollten Sie die Hirnholzkanten des Sitzes spachteln – sie zeichnen sich sonst später durch Lack und Farbe hindurch unschön ab.
Irgendwann zwischendurch, solange der Leim trocknet, haben Sie Zeit, die Nase des Clowns auszusägen und mit einigen Leimtropfen aufzureiben.
Bei der Farbgebung können Sie sich nach unserem Modell richten oder Ihre eigene Phantasie walten lassen.
Die Clownfrisur – die wenigen Büschel, die von einstiger Haarpracht noch übrig sind – stibitzen Sie am besten Ihrem Handfeger. Setzen Sie sie in kleine Bohrlöcher, zusammen mit einem beleimten Zahnstocherende, so wie es schon beim Hampelhamster (s. S. 13 ff.) beschrieben wurde. Sie können auch Büschel aus Kunststoff-Polstermaterial einfach ankleben.
Für die Stuhlpolsterung gibt es die Möglichkeit, ein Kissen mit Kordelschlaufen oder Riemchen an Messingzierschrauben zu befestigen, mit Ziernägeln rundherum anzunageln oder – am einfachsten – es aufzukleben.

Diese Schaukel bietet vier Kleinkindern Platz und ist sehr einfach nachzubauen. Als Material kommt Tischlerplatte 19 mm in Frage. Von der Stabilität her besser – aber auch teurer – ist eine Dreischichtplatte in gleicher oder größerer Dicke **1**. Sie sieht besonders dann besser aus, wenn Sie den Innenraum der Schaukel naturbelassen wollen.
Für die Einzelteile besorgen Sie fertige Zuschnitte aus dem gewählten Material (s. Stückliste auf S. 58). Auf eines der 125 x 60 cm großen Seitenteile übertragen Sie die Umrißzeichnung.
Die Kufenrundung ziehen Sie mit einem Stangenzirkel. Schlagen Sie 75 cm vom Ende eine etwa 80 cm lange Leiste einen Nagel durch diese – das ist der Drehpunkt. An das Leistenende halten Sie einen dicken, weichen Bleistift, und zeichnen Sie mit ihm den Bogen direkt aufs Holz. Der Drehpunkt liegt außerhalb des Holzzuschnitts. Deshalb brauchen Sie ein etwa 20 cm breites Stück Platte, z. B. einen der Banksitze, zur vorübergehenden, nur beigelegten Verbreiterung.

Beim Aussägen der Form mit der Stichsäge lohnt es sich, das Sägeblatt zu wechseln. Die großen Bögen und das gerade Stück zwischen den Bärenköpfen werden viel sauberer, wenn Sie mit breitem, nicht geschränktem Blatt (Bezeichnung: »Holz, sehr feiner Schnitt«) ausgeschnitten werden. Sind nur noch die engen Bögen in den Bereichen der Ohren und Schnauzen übrig, arbeiten Sie mit dem ganz schmalen Schweifsägeblatt weiter **2**. Das fertig ausgesägte Stück dient als Schablone für die Umrißzeichnung des zweiten Seitenteils. So werden beide Teile gleich.
Spannen Sie jetzt beide Seitenteile bündig aufeinander und dazu gleich noch eine Bohrunterlage **3**. Die muß man mehrfach umspannen, denn wenn man jetzt an den angezeichneten Stellen 5,5 mm durchbohrt, darf die Spitze niemals nach außen dringen, das wurde sehr häßliche Splitter ausreißen. Die Bohrungen senken Sie auf den Außenseiten an, jedoch nicht zu tief. Der Schraubenkopf gräbt sich in das weiche Holz ohnehin von selbst etwas tiefer ein, als gesenkt ist.

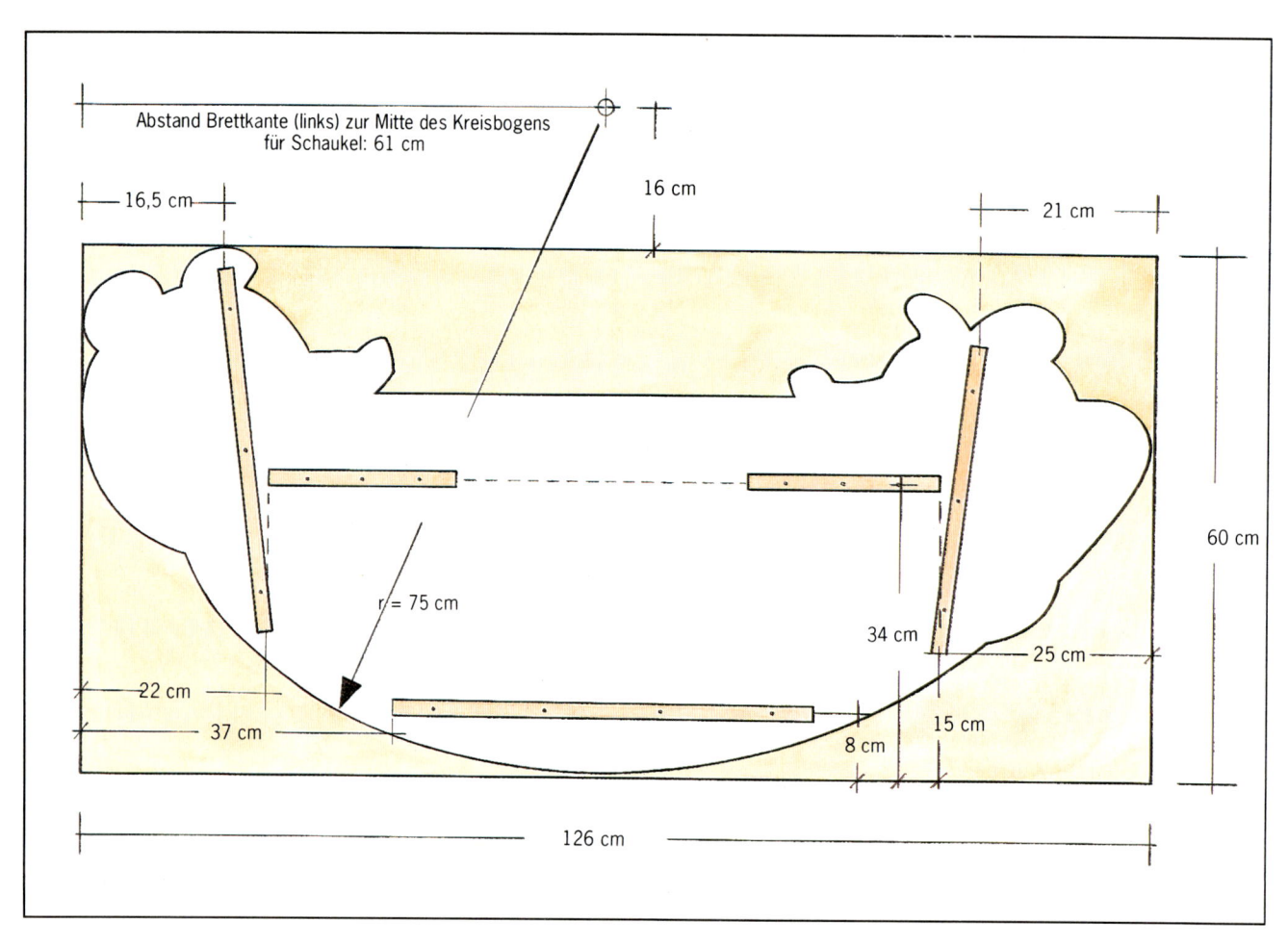

Abstand Brettkante (links) zur Mitte des Kreisbogens für Schaukel: 61 cm

16,5 cm — 16 cm — 21 cm — 60 cm

r = 75 cm

34 cm — 25 cm

22 cm — 15 cm

37 cm — 8 cm

126 cm

Stückliste			
Tischlerplatte oder Dreischichtplatte 19–22 mm			
Stück	Bezeichnung	Länge (cm)	Breite (cm)
2	Seitenteile	126	60
2	Banksitze	65	23
1	Rückenlehne	65	42
1	Rückenlehne	65	35
1	Boden	65	50
32 Spax-Schrauben Senkkopf 5 x 60 mm			

Zum Zusammenschrauben der Teile sollten Sie einen Helfer oder eine Helferin haben. Es ist nicht ganz einfach, die Teile so anzusetzen, daß die Schrauben in die Querteile auf Mitte Holzdicke eindringen. Zeichnen Sie auf den Innenseiten der Seitenteile kurze Bleistiftstriche auf, an denen Sie sich orientieren können, wenn die Querteile angesetzt und damit die Bohrlöcher verdeckt sind.

Insgesamt müssen Sie 32 Schrauben eindrehen. Spax- oder Spannplattenschrauben haben den Vorteil, daß sie mit einem sternförmigen Bit gedreht werden können. Kurze Bits steckt man in einen Magnethalter **4**, längere, die es auch zu kaufen gibt, können Sie direkt einspannen. Voraussetzung ist die mehrfach erwähnte elektronische Regulierbarkeit der Handbohrmaschine **5**. Zwar ist es dem Geübten möglich, mit hohen Umdrehungszahlen zu schrauben, doch ist die langsamere Arbeitsweise besser zu beherrschen, weil die Maschine ja jeweils rechtzeitig abgeschaltet werden muß.

Besonders dann, wenn Sie einfache Tischlerplatten verwendet haben, ist es notwendig, die Kanten aller Teile, so weit sie sichtbar sind, zu spachteln. Sind tiefe Holzfehler auszuspachteln, muß man an diesen Stellen allmählich auffüllen – dicke Spachtelschichten fallen nämlich beim Trocknen sehr ein.

Danach schleifen Sie alle Kanten am besten von Hand – in Anbetracht der unhandlichen Werkstückgrößen – oder mit dem Schwingschleifer. Runden Sie überall etwas ab, am deutlichsten die Vorderkanten der Sitze und die Oberkanten der Lehnen bearbeiten.

Zum Bemalen zerlegen Sie die Schaukel am besten nochmals vollständig, denn die Innenflächen sind sonst nur schwer zu erreichen. Numerieren Sie die Einzelteile vorher an unsichtbarer Stelle! Die Markierung müssen Sie erneuern, wenn deckend drübergestrichen wurde.

Die Bärenköpfe und -körper malen Sie auf die Außenflächen, nachdem Sie die innen fertiggestaltete Schaukel wieder zusammengeschraubt haben, denn erst jetzt können Sie die Schraubenköpfe verspachteln und anschließend, nach dem Trocknen, überschleifen.

Statt eines Pinsels können Sie bei den vielen verhältnismäßig großen Flächen vorteilhaft eine kleine Velour- oder Schaumstoffwalze einsetzen. Die gibt es in Packungen zusammen mit einer praktischen Abtropfwanne.

3 *Zum Bohren spannen Sie die Seitenteile aufeinander und eine Bohrunterlage darunter*

1 *Als Material dient eine Dreischichtplatte (oben) oder eine Tischlerplatte*

4 *Der Magnethalter nimmt ein Bit zum Schrauben auf*

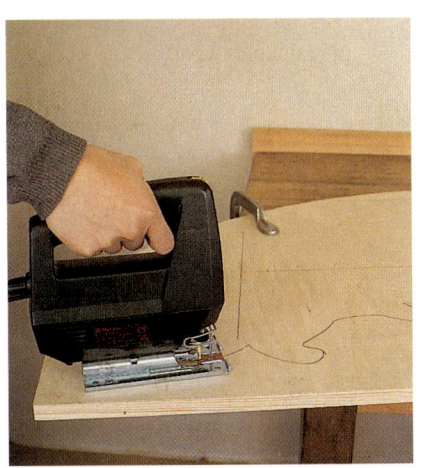

2 *Enge Bögen gelingen mit einem Schweifsägeblatt in der Stichsäge*

5 *Spax-Schrauben können mit der Bohrmaschine eingedreht werden*

Schaukelelefant

Schaukelpferde sind altbekannt und in vielen Heimat- und Bauernmuseen ist zu sehen, daß schon in längst vergangenen Zeiten solches Spielzeug mehr oder weniger gelungen hergestellt wurde. Wir haben einen Elefanten als Reittier auf die Schaukel gestellt. Wegen seiner dicken Beine (durch Stilisieren noch übertrieben) ergibt sich ein sehr stabiles Schaukeltier von kompakter, gedrungener Form. Sie erleichtert auch den Nachbau.
Man kann den Elefanten aus Fichtenholz bauen und, wenn die Maserung nicht attraktiv genug zur Geltung kommt, das Tier bemalen. Wir haben uns jedoch für astreines Kiefernholz entschieden, das natürlich auch nicht von Hause aus fehlerfrei, sondern ausgesucht ist.

Die Figur besteht aus drei Schichten, die Maserung verläuft bei der mittleren waagrecht, bei den beiden äußeren senkrecht. Wenn wir sie dann fertig verleimt haben, stellt der Körper ein regelrechtes Sperrholz dar. Betrachten Sie die Stückliste (s. S. 62) nur als Anhaltspunkt. Aufgrund der Konstruktion wird von den Holzzuschnitten einiges weggesägt und anderes verdeckt, sodaß durchaus Äste dann vorkommen dürfen, wenn sie später nicht zu sehen sind. Die Berücksichtigung dieser Tatsache verbilligt den Holzeinkauf und erspart dem Schreiner viel Kummer. Die verhältnismäßig breiten Einzelstücke muß er uns verleimen, denn so breite, gerade Bretter sind aus heimischem Holz nicht zu gewinnen.

Wenn Sie die Figurenteile des Vorlagebogens vergrößern, zeichnen Sie sie auf Karton, und schneiden Sie sie aus. Diese Schablonen geben Sie dem Schreiner. Damit nichts schief geht, beschriften Sie das Mittelteil mit »1 mal«, Ohr und Seitenteil jeweils mit »2 mal«. Deuten Sie die Wuchsrichtung durch einen dicken Strich an, und machen Sie den Schreiner auf diese Orientierungshilfe aufmerksam.
Wenn der Schreiner Ihnen die Hauptteile aus 30-mm-Holz zuschneidet und verleimt, ergibt sich nach dem Aushobeln eine Dicke von 26–28 mm, also eine Gesamtdicke von 78–84 mm.
Das Standbrett zwischen den Kufen (aus 24-mm-Brettern) wird 20–22 mm dick, als Besonderheit 33 cm lang und 40 cm breit.

1 Kiefernbretter und ein Eschenbrett sind das Material

2 Achten Sie beim Sägen auf die Schnittfolge. Kein problematisches Umdrehen

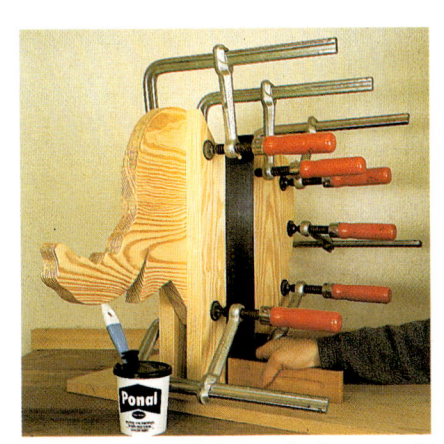

3 Der verleimte Elefant muß ohne zu wakkeln senkrecht stehen, prüfen Sie es mit einem Winkel

4 Für die Leimung der Ohren brauchen Sie eine 30-cm-Zwinge

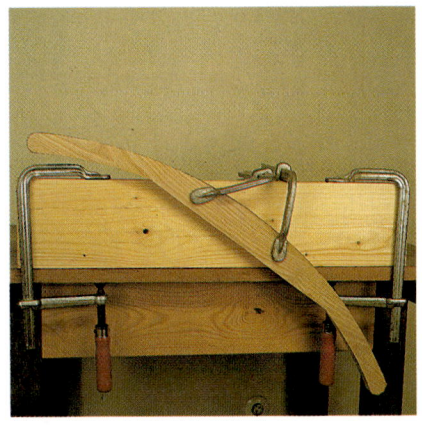

5 So können Sie Teile zur Kantenbearbeitung spannen

6 Die Rundung der Kufen wird vorgesägt, den Rest müssen Sie mit der Scheibenschleifmaschine bearbeiten

7 In Hartholz müssen Schrauben sorgfältig und genau versenkt werden

8 Die Kufen werden mit dem Fußbrett verschraubt

9 Kufen und Fußbrett werden bündig, wenn Sie sie zusammen schleifen. Zum Spannen einen Keil beilegen!

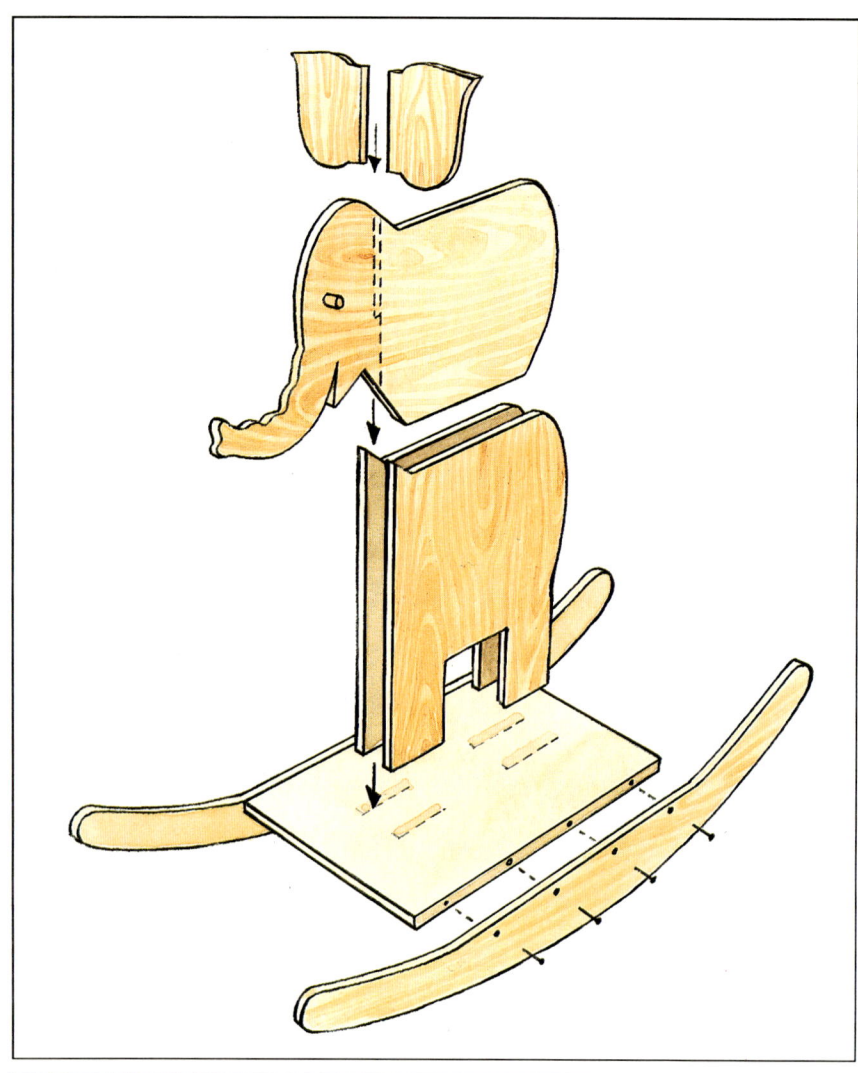

Auf dieses Querformat müssen Sie extra hinweisen und auch darauf, daß von diesem Brett nichts verdeckt oder weggesägt wird – es muß also astrein sein. Lassen Sie sich dieses Teil fertig zuschneiden. Die Kufen, aus 35–40 mm Eschen- oder Buchenholz lassen sich auf einem Brett von 105 x 21 cm ineinanderzeichnen. Steht kein so breites Brett zur Verfügung, brauchen Sie für jede Kufe 82 x 15 cm. Geben Sie dem Schreiner dazu auch eine Schablone, denn auf der hohlen Seite fällt ein großes Stück ab, das unbeschadet Fehler haben darf. Werfen Sie die Sägeabschnitte der Kufen nicht weg – daraus lassen sich Räder und andere Kleinteile für Spielzeuge gewinnen!

Es ist ein Vorteil für Sie, wenn Sie den Schreiner bitten, die Längskanten der Zuschnitte anzufügen, das heißt, mit der Maschine winklig und gerade zu hobeln. Die Sorgfalt bei der Materialbeschaffung zahlt sich aus, denn der Elefant ist ein sehr großes Tier, einige der Arbeitsgänge sind echte Knochenarbeit, und Sie werden für jede Erleichterung dankbar sein! Achten Sie beim Aufzeichnen aufs Holz – einfach die Pappschablone mit dem Bleistift umfahren – darauf, daß Sie die Fügekanten der Bretter nutzen. Wenn die Vorderkanten der Außenteile und die Innenkanten der Ohren gefügt sind, ersparen Sie sich nicht nur das Sägen, sondern auch alle Probleme beim späteren Anleimen der Ohren. Außerdem kann so die Unterkante der mittleren Schicht genutzt werden **1**. Je sorgfältiger Sie beim Aussägen mit der Stichsäge arbeiten, um so weniger Nacharbeit fällt am verleimten Tierkörper an. Wechseln Sie wieder die Sägeblätter: Für gerade Schnitte und weite Bögen müssen Sie das breite, ungeschränkte Blatt 2, für die Oberseite des Rüssels das schmale Schweifsägeblatt einsetzen. Drehen Sie so wenig wie möglich in Ecken um! Nach dem Richtungswechsel entstehen oft schräge Schnitte **2**. Die Zahlen auf der nebenstehenden Abbildung bezeichnen die Schnittfolge.

Beim nötigen Glätten und Versäubern der Sägekanten ist maschinell mit unseren Mit-

Stückliste		
Kiefern- oder Fichtenholz 26–28 mm dick, Längskanten gefügt		
	Länge cm	Breite cm
1 Mittelteil	64	34
2 Außenteile	44	35
2 Ohren	22	17
Kiefern- oder Fichtenholz 20–22 mm dick, Längskanten gefügt		
1 Fußbrett	33	40
Eschen- oder Buchenholz 30–35 mm dick		
2 Kufen	82	15
oder 1 Zuschnitt	105 x 21	

teln nicht viel auszurichten – das meiste bleibt Handarbeit. An den Kanten, an denen später die Umrisse von Mittel- und Außenschichten zusammenfallen, also an der Rückenpartie, sollten Sie jetzt noch nichts machen, das ist erst nach dem Verleimen sinnvoll. Bevor Sie damit beginnen, müssen Sie diejenigen Flächen schleifen, an die Sie später nicht mehr drankommen: Das sind Rüssel und Kopf sowie die Ohren beidseitig und die Flächen zwischen den Beinen.

Zum Bau des Elefanten ist eine Handbandschleifmaschine unerläßlich, ein Schwingschleifer zum feinen Nachschleifen nützlich. Es ist wegen der Größe der Flächen – und der Elefant ist ja nicht gerade ein billiges Stück – wünschenswert, daß die Hobelwellen der Oberfläche sowie eventuelle Einrisse oder Schartenspuren gründlich eingeebnet werden, und das kann nur der Bandschleifer.

Über das Verleimen größerer Flächen ist im Einleitungskapitel alles Wichtige gesagt worden (s. S. 11). Hier ist zu beachten, daß der Leim auf keinen Fall zu dick sein darf, er trocknet sonst sehr schnell auf und hält dann nicht optimal. Es dauert nämlich schon seine Zeit, bis die Teile ausgerichtet und alle Zwingen angesetzt sind. Am besten spannt man, wie schon öfter empfohlen, auch hier zuerst zur Probe trocken. Dann ist gewährleistet, daß beim Leimen alles bereitliegt und es keine Verzögerung gibt.

Die Unterkanten der Elefantenfüße sollten nach dem Verleimen auf einer ebenen Fläche stehen (!) und nicht wackeln wie ein Tisch auf unebenem Boden. Das ganze Tier muß senkrecht stehen. Sie dürfen sich nicht allein nach den Rückenkonturen richten, denn Sägefehler könnten bewirken, daß zwar diese Linien bündig sind, der Dickhäuter aber dennoch eine schiefe Haltung hat.

Stellen Sie deshalb nach der Trockenspannung das Tier auf eine ebene Platte, und halten Sie einen großen Winkel an **3**. Wiederholen Sie diese Prüfung, wenn Sie zu leimen begonnen und die ersten zwei Zwingen angesetzt haben!

Leimen Sie die Ohren erst an, nachdem Sie die Rückenpartie, den Hinterkopf und die Seitenflächen sauber mit der Bandschleifmaschine geschliffen haben. Für die Ohren brauchen Sie eine 30-cm-Zwinge **4**. Die gesamte Kantenbearbeitung läßt sich nur befriedigend erledigen, wenn Sie das große, schwere Werkstück an ein senkrechtes Brett spannen können. Hilfsweise genügt die Anordnung gemäß Foto **5**, doch tun Sie sich leichter mit einem dicken, am Tisch mit Schrauben befestigten Brett, wie es Foto **8** zeigt.

Während der Leim trocknet, können Sie anfangen, die Kufen anzufertigen. Das Sägen des dicken, harten Holzes belastet die Stichsäge bis an ihre Leistungsgrenze. Sie müssen schon etwas Geduld aufbringen, wenn das Werkzeug im Holz nur langsam vorwärts kommt. Starkes Drücken ist verboten – dann verläuft die Säge, und wir bekommen schräge Kanten. Wird das Sägeblatt sehr heiß, dann verfärbt es sich blau und verliert an Härte. Sie sollten Ersatzblätter vorrätig haben! Den runden Enden der Kufen kann die breite Säge nicht folgen – begnügen Sie sich mit Abschrägungen **6**, und bearbeiten Sie die Fasson mit der Scheibenschleifmaschine. Sie ist auch am besten geeignet für den weit geschwungenen Außenbogen der Kufen. Winkelfehler vom Sägen können jetzt ausgeglichen werden. Die Innenkrümmungen der Kufen schleifen Sie mit dem Bandschleifer, das gerade Mittelstück vorläufig gar nicht, das kommt später dran.

Jede Kufe erhält vier 5,5-mm-Bohrungen, 11–12 mm von der Oberkante entfernt. Das Maß errechnet sich aus der halben Dicke des 33 x 40 cm-Kiefernbretts plus 1 mm. Die Spax-Senkschrauben von jeweils 5 x 60 mm, mit denen Kufen und Brett zusätzlich zum Leim verbunden werden, bleiben beim naturlackierten Elefanten sichtbar. Deshalb müssen Sie die Bohrungen auf den Außenseiten der Kufen sehr sorgfältig ansenken **7**, denn in diesem harten Holz versenken sich die Schrauben nicht von selbst!

Nachdem wir die Längskanten des Fußbretts verputzt und etwas abgerundet haben, können wir es – mit etwas Leimzugabe – zwischen die Kufen schrauben **8**. Deren gerade Kanten, die ein wenig vorstehen sollten, werden zusammen mit der Brettfläche am Stück geschliffen. Zum Festspannen haben wir einen Keil beigelegt **9**.

Der Elefant braucht noch einen Schwanz. Wir haben dazu beim Raumausstatter ein Stück braunes Treppenseil, 16 cm lang, besorgt. Der 25-mm-Astlochbohrer ist für die Dicke des Seils entschieden zu klein, der 30-mm-Bohrer ist etwas groß, trotzdem wählen wir diesen. Denn unter dem Schwanz können wir die Differenz mit Holzspänen, die sowieso zum Einleimen des Schwanzes vorgesehen sind, unsichtbar ausgleichen.

Jetzt ist die Zeit für Anstrich oder Naturlackierung.

Damit später die Kinder gut sitzen, polstern Sie dem Elefanten einen Sattel auf. Dazu nehmen Sie Schaumstoff oder Polsterwatte, Leder oder Kunststoff – ganz wie es Ihnen gefällt. Das Polster befestigen Sie mit Tapezier- oder mit Ziernägeln. Unser Sattel ist ein einfaches Kissen, mit einem Riemen befestigt.

Die Augen des Elefanten können Sie aufmalen oder durch aufgeleimte Holzscheibchen markieren.

Zuletzt bohren Sie vier Schraubenlöcher ins Fußbrett und schrauben den Elefanten von unten her auf. Diese Verbindung zu leimen hat keinen Sinn, denn das Tier ist ja schon lackiert, und die Hirnholzflächen der Füße ergeben ohnehin keine haltbare Leimung. Einen Vorteil hat diese Arbeit: Zum eventuellen Transport läßt sich der Elefant wieder abschrauben und ist dann nicht so sperrig.

In derselben Ausstattung sind bereits erschienen:
H. Nadolny, Y. Thalheim »Heißgeliebte Teddybären« (900)
D. Köhnen »Marionetten« (1043)
Von Otto Maier ist erschienen:
»Kleinmöbel aus Holz« (905)
»Metall bearbeiten« (1119)

Die Deutsche Bibliothek – CIP-Einheitsaufnahme

Spielzeug aus Holz : mit Säge, Leim und Farbe / Hanns-Peter Krafft ; Otto Maier. [Fotos: Wolfgang Zöltsch ; Studio Team GmbH, Langen]. – Niedernhausen/Ts. : FALKEN, 1991
    (FALKEN Bücherei)
    ISBN 3-8068-1196-2
NE: Krafft, Hanns-Peter; Zöltsch, Wolfgang

ISBN 3 8068 1196 2

© 1991 by Falken-Verlag GmbH,
6272 Niedernhausen/Ts.
Die Verwertung der Texte und Bilder, auch auszugsweise, ist ohne Zustimmung des Verlags urheberrechtswidrig und strafbar. Dies gilt auch für Vervielfältigungen, Übersetzungen, Mikroverfilmung und für die Verarbeitung mit elektronischen Systemen.
Titelbild und Fotos: Wolfgang Zöltsch, Studio Team GmbH, Langen
Bildnachweis: Seite 6: Besitz: Historisches Museum Frankfurt am Main;
Foto: Severin Stille
Zeichnungen und Vorlagebogen:
Gerhard Scholz, Dornburg
Die Ratschläge in diesem Buch sind von den Autoren und vom Verlag sorgfältig erwogen und geprüft, dennoch kann eine Garantie nicht übernommen werden. Eine Haftung der Autoren bzw. des Verlags und seiner Beauftragten für Personen-, Sach- und Vermögensschäden ist ausgeschlossen.
Satz: Publishing 2000, Angela Fromm, Idstein
Druck: Karl Neef GmbH & Co., Wittingen

817 2635 4453 6271